朝日新書
Asahi Shinsho 702

世界を変えるSTEAM人材

シリコンバレー「デザイン思考」の核心

ヤング吉原麻里子
木島里江

朝日新聞出版

はじめに

皆さんは「ＳＴＥＡＭ」（スティーム）という言葉を聞いたことがあるでしょうか？

今、アメリカ（とくにシリコンバレー）を中心に、優れた人材の中でもひときわ輝く俊傑たちの活動を指し、また、これから育成される世代の鍵を握ると注目され始めている新しいコンセプトです。

「ＳＴＥＡＭ」とは、科学（Science）、技術（Technology）、工学（Engineering）、アーツ*（Arts）、数学（Mathematics）の五つの頭文字を取った造語です。

もともとは２０００年代初めに、そこからアーツを除いた「ＳＴＥＭ」（ステム）という概念が教育界で提唱され、やがて世界で定着しました。一見するとわかるように、ＳＴＥＭは主に、理数系の科目と実学のスキル向上を目的とした教育アプローチでした。

そのＳＴＥＭ教育の流れをベースにしながらも、さらに新しい要素を取り入れた「ＳＴＥＡＭ」が、学びのあり方を変えて、これからの人材育成で重要な役割を担うと考えられているのです。

ポイントは、後から加わった「A」(Arts) の部分です。

近年、世界の多くの企業や教育機関で、アートやデザインが重要視されていることをご存じでしょうか。

2010年からの5年間に、グーグル (Google)、フェイスブック (Facebook)、アドビ (Adobe Systems) といったシリコンバレーの大手は、デザイナーを創業者とするスタートアップ企業を、27社も買収しています。また、アクセンチュア (Accenture) やマッキンゼー (Mckinsey & Company) といったコンサルティング・ファームや会計事務所のデロイト (Deloitte) など、従来はデザインと縁がなかった異業種大手も、積極的にデザイン・ファームの買収に乗り出しています。

ビジネスの世界では、以前はMBA (経営学修士) が重視されていましたが、現在は芸術系の専門学校を卒業したり、MFA (美術学修士) を取得した人材が重宝されているといいます。また、必須とされていた論理的思考 (ロジカル・シンキング) や批判的思考 (クリティカル・シンキング) に代わって、「デザイン思考」(デザイン・シンキング) の能力が注目されています。これまでにない発想で、革新的なアイデアをもたらす人材が求められているのです。

21世紀に入り、機能性や効率を優先するアプローチが限界を迎え、企業は新たな方法を模索しています。そこで注目されているのが、アートやデザインという領域というわけです。

この話を聞いて、「これからは芸術の教養まで求められるのか……」と驚かれるかもしれません。「科学や数学ができてさらにアートの才能まである人材なら、成功するに決まってるじゃないか！」と思われるかもしれません。何から何まで優れた万能人材が求められる、過剰な能力主義の言説には、いい加減うんざりだという方もおられるでしょう。

しかし、著者たちは、それとは少し違う角度からSTEAMを見ています。

というのも、まず第一に、「A」にはアートやデザインといった領域を超えて、もっと広い視点が含まれると考えているからです。そして第二に、STEAMの趣旨は、決して「この5科目を完璧にできるようにしないと、今後の社会では活躍できません」という話ではないからです。

複数の領域の頭文字を取っているため、どうしてもそこに挙げられている各分野（科学、技術、工学……）に目が行きがちです。

しかし、理数分野を重視することや、芸術・人文を含めた広い範囲をカバーしているという点は、実はＳＴＥＡＭの特徴の一つでしかありません。複数の領域を融合するということ自体は、手段ないし結果にすぎないのです。

著者たちが、ＳＴＥＡＭを捉える上で最も重要だと考えている点は、そこに通底する「人間を重視する」という思想・行動の原理です。本書では、これを21世紀の新しい「ヒューマニズム」（一般に「人間主義」「人文主義」などと訳されます）と呼んでいます（この説明だけでは抽象的でわかりにくいかもしれませんが、本文で詳しく解説していきます）。

いい換えれば、ＳＴＥＡＭが目指しているのは、「人間を幸福にする」ことなのです。

申し遅れましたが、ここで自己紹介をさせていただきます。

本書の著者であるヤングと木島は、シリコンバレーの中心に位置するスタンフォード大学で博士号を取得した後、グローバルに活躍する女子学生たちのＳＴＥＡＭ教育を推進するために非営利教育団体「SKY Labo」（スカイラボ）を立ち上げました。

これまで、その活動の中でＳＴＥＭ教育やＳＴＥＡＭについて研究を重ね、シリコンバレーの最前線で活躍する多くのＳＴＥＡＭ人材に会って話を聞いたり、議論を深めてきました。また、２人ともが母親でもあり、シリコンバレーという、ある意味特殊な場所で育児や学校教育に関わってきた当事者でもあります。

本書では、そのような経験を通じて著者たちが考えてきたことを、できるだけわかりやすくまとめようと思います。シリコンバレーの最新事情を紹介しながら、今世界で最も注目されるSTEAMを体現する人々について、そして今後日本が目指すべき新しい人材育成、教育方針について考えを述べていきます。

本書では、STEAMを次の三つの角度から捉えています。

STEAM人材とは、まず第一に、人間を大切にするという思想（＝ヒューマニズム）を核に探求を続ける21世紀の新しいヒューマニストです。第二に、STEAM人材は、次々とイノベーションを起こすイノベーターのマインドセットを持ち合わせています。そして第三に、STEAM人材は、様々な領域を越境し、デザイナーとしての発想でこれまでにない活動を構築しています。

人間を大切にする「ヒューマニスト」であり、「イノベーター」であり、「デザイナー」である。いわば三つの顔をあわせ持つ者、これが著者たちの考えるSTEAM人材の本質です。

人間を固定観念から解き放って、人類と社会を新しいパラダイムに導いてくれるのが、

STEAM人材です。人類にとって本当に役に立つものを作りたいと、熱い想いを胸に専門性を研鑽《けんさん》し、斬新な発想と活動につなげる彼らこそ、次世代の社会がどう進むべきかの道筋を示す、21世紀を牽引する人材なのです。

先端的な技術や発想で時代の先を行くシリコンバレーで、どんなビジネスや活動が営まれ、どのような人が活躍しているのか。そして、当地で注目されつつあるSTEAMという概念は何を指すのか。それを理解することは、日本がこれから目指す新しい社会に適合した人材像を考える上で、必ず重要な示唆を与えてくれるに違いありません。

これからグローバルな活躍を目指すビジネスマンや学生に、シリコンバレーの最新事情を知って参考にしていただけるなら幸いです。また、子育てに携わる親や教育関係者の方々に、手近に引き寄せて考える材料にしていただけるなら、これ以上嬉しいことはありません。

それでは、さっそくページを開いてみてください。シリコンバレーの21世紀型人材たちはどんな活躍をしているのか、教育の現場で何が起こっているのかを、一緒に探索しにいきましょう。

＊"Arts"（アーツ）という語には、日本語で「アート」というときにイメージされるような「芸術」の意味に限らず、リベラル・アーツというときの「教養」の意味や、「人文学」(Humanities) といった意味も含まれています。

世界を変えるＳＴＥＡＭ人材

シリコンバレー「デザイン思考」の核心

目次

第3章　イノベーションを起こすマインドセット　83

第5章　シリコンバレーの教育最新レポート　167

写真　ゲッティイメージズ
Ge Wang
Manami Yatsufuji
ヤング吉原麻里子
図表作成　朝日新聞メディアプロダクション
※本文中の敬称は省略させていただきました。

第1章
21世紀型人材「STEAM」

ポスト情報社会に必要とされる人材とは

現在、日本や世界を取り巻く環境は、新たな変革期を迎えています。

ＩｏＴ（Internet of Things）の技術によって、様々な知識や情報が共有され、すべての人とモノがつながり、今までにない新たな価値が生み出されようとしています。ロボティクス（ロボット学）や脳科学といった先端領域の目覚ましい発展、情報通信技術（ＩＣＴ）や遺伝子技術などの急激な進化は、社会だけでなく、人間そのものの在り方にまで影響を及ぼす勢いです。

５００万年ほど前に始まったとされる人類の歴史は、これまでに幾度も大きな変革を経験してきました。石斧で狩猟をしていた原始の時代から、定住によって集団で農耕を営む時代へ移行しました。産業革命が工業化をもたらし、技術革新が進むと、モノの製造や流通よりも情報に大きな価値がおかれる「情報社会」が到来しました。

日本政府は第5期「科学技術基本計画」で、狩猟社会（Society 1.0）、農耕社会（Society 2.0）、工業社会（Society 3.0）、情報社会（Society 4.0）に続く、社会発展の第5フェーズとして「超スマート社会」（Society 5.0）を提唱しました。

私たちが生きる現在を、情報社会から次の段階へと移行する変革期と位置づけ、これから目指すべき未来社会の姿を「サイバー空間（仮想空間）とフィジカル空間（現実空間）を高度に融合させたシステムにより、経済発展と社会的課題の解決を両立する、人間中心の社会」と定義しています。

現在、すでにＡＩ（人工知能）が、音声認識、画像理解、言語翻訳などの分野で人間と同等、もしくはそれ以上の能力を持つようになっています。近い将来、定型的な作業やある程度の知的業務は、代替可能になるでしょう。

２０１８年10月末には、オークションハウスの老舗クリスティーズで、ＡＩの描いた絵画が初めて競売に出され、話題を呼びました。これまで人類が描いてきた肖像画１万５０００点のデータをＡＩに学習させて描かせたというこの作品は、科学技術が持つ可能性の広がりを物語っています。

しかし、それと同時に、人と機械、ヒューマニティ（人間性）とテクノロジーの関係性が、あらためて問い直される時代が到来したことを告げています。

メディアでは、「ロボットに仕事を奪われないために」「ＡＩに使われる側になるか、Ａ

Iを使う側になるか」といった見出しで、今後の人材育成や教育の行方がさかんに議論されています。

狩猟社会ならば、身体能力に優れ、多くの獲物を確保できる人材が活躍するでしょう。農耕社会では規律正しく集団で行動する人材、工業社会であれば精確な作業をこなす人材が求められます。それぞれの社会に、それに適した人材の条件があるように、新しい社会(Society 5.0)には新しい人材、いわば「人材5・0」が求められるはずです。

その新しい人材像とは、いったいどのようなものになるのでしょうか?

日本政府は、先端技術をあらゆる産業に取り入れ、持続可能な社会生活を実現するために、国を挙げて人材を育成していく必要があるとしています。

「Society 5.0」に向けた人材の育成を議論する場として、文部科学大臣の懇談会が形成されました。2018年6月の報告書には「技術革新や価値創造の源となる飛躍知を発見・創造する人材と、それらの成果と社会課題をつなげ、プラットフォームをはじめとした新たなビジネスを創造する人材」が、新たな社会を牽引《けんいん》する理想像として提示されています。

ポスト情報社会に必要なのは、新しい価値やサービスを生み出す事業の創出だとされます。プログラミングやデータ解析などの知識を持ちつつ新しい課題を発見できる人材、課題解決を指向するエンジニアリングに加えて、「アート的発想」「デザイン的発想」が必要だという指摘がされています。

しかし、そこに示されている文言はどこか漠然としています。今後求められるのはどのような人材で、いかなる能力が必要とされるのか。そしてこれからの教育において、子供たちにどのような学びを提供すればよいのか。具体的には、なかなかイメージしづらいかもしれません。

未来をリードするシリコンバレー

今、日本では、育成すべき理想の人材像や教育方針が行きづまりを見せているように思います。つめこみ教育かゆとり教育か、文系か理系か、育成か即戦力か。旧来の二項対立的な図式に縛られて、教育界も産業界も、次世代を支える人材像やリーダー像を具体的に描ききれずにいます。それらを超える次なる理想は、共有されていません。

一方、視野を海外に広げると、日本政府が「Society 5.0」で目指すような活力あるポスト情報社会の姿を象徴するのが、イノベーションのメッカと呼ばれる「シリコンバレー」

です。グーグルやフェイスブックなどの国際的な巨大企業を抱え、情報科学や先進技術の研究開発、次世代の人材育成において、間違いなく時代を先取りする地域だといえるでしょう。

皆さんも、メディアなどを通じてよく耳にする名前だと思いますが、シリコンバレーという一つの都市が存在するわけではありません。アメリカ合衆国の西海岸に位置するカリフォルニア州にある、サンフランシスコとサンノゼの間に延びる半島を中心とした、多くの企業が集積する地域を指して呼ぶニックネームです。

「シリコンの谷」という名称は、かつてシリコンを主原料に使う半導体産業が、この地域で発展したことに由来します。1950年代に始まった半導体に続き、70年代、80年代にはコンピューターやソフトウェアなどの電子機器メーカーが、この土地に雨後の筍《たけのこ》のように次々と生まれました。

1990年代後半には、インターネットの普及に伴って、ヤフー（Yahoo!）、イーベイ（eBay）、ペイパル（PayPal）、グーグルなどの情報通信ベンチャーが興り、21世紀に入ってからは、フェイスブック、ツイッター（Twitter）、リンクトイン（LinkedIn）といったSNS（ソーシャル・ネットワーキング・サービス）企業や、配信サービスのネットフリックス（Netflix）、

図表1-1　シリコンバレー周辺の地図

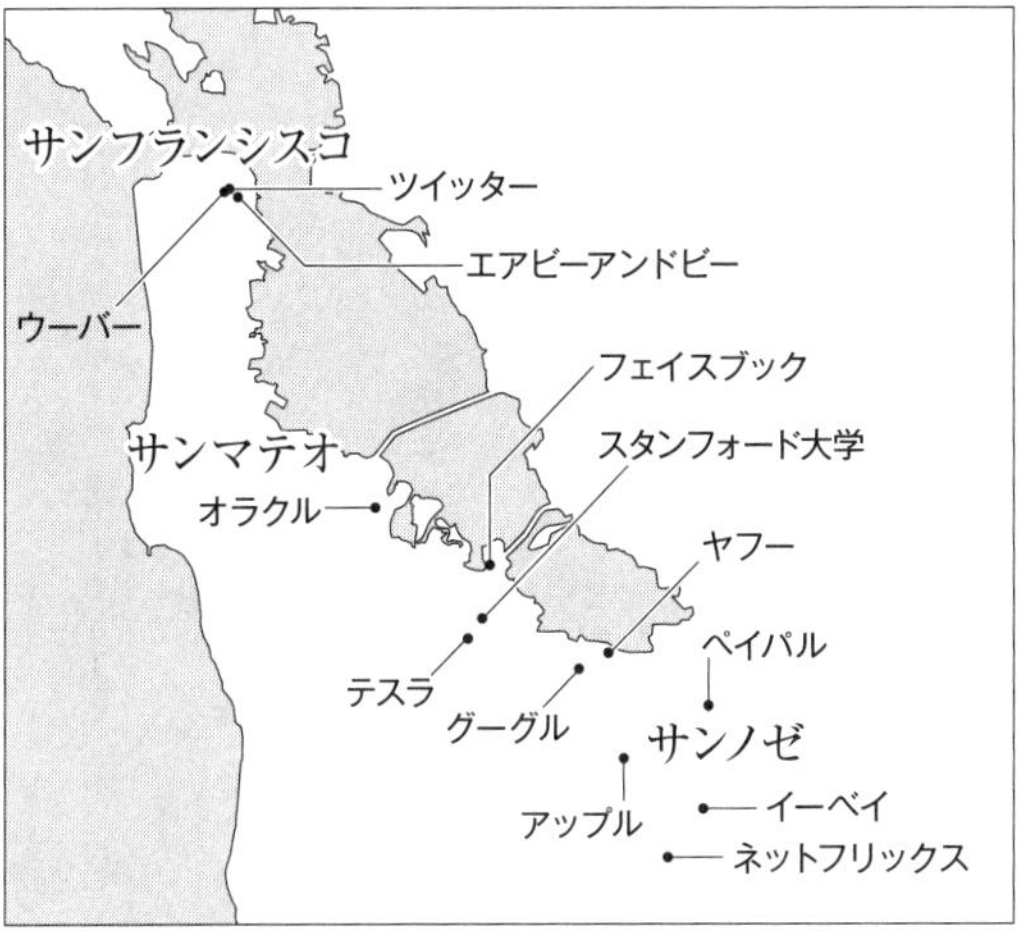

パンドラ（Pandora）、シェアリングビジネスのウーバー（Uber）、さらには電気自動車のテスラ（Tesla）など、新しい産業が相次いで創出されています。

シリコンバレーは、現在も一獲千金を夢見る起業家たちが世界中から集まる、躍動感に満ちた地域として発展を続けています。

民間団体ジョイント・ベンチャー・シリコンバレー（ＪＶＳＶ）の調査によれば、２０００年から２０１５年までに同地域で個人事業を営む人々の数は2割も増加し、その4人に1人が科学技術領域の専門性を持つ人材です。２０１７年度、サンフランシスコを含んだシリコンバレー地域に集まったベンチャー投資総額は249億ドル（約2兆8000億円）と報告されています。アメリカの老舗ベンチャー・キャピタルであるクライナー・パーキンズによれば、同年世界全体のベンチャー投資額は1550億ドルだったといいますから、その約16％が同地域に集中していたことになります。

世界トップレベルの教育機関と企業クラスター（集合体）。萌芽的ビジネスを支援するエンジェル投資家や、潤沢な資金を持つベンチャー・キャピタリスト、機関投資家、そして起業家精神に満ちあふれるエンジニアや知的財産の専門家。さらには、移民のフロンティアである西海岸のオープンな風土と、アジアへの玄関口という地政学的な優位性。これらの要素が有機的に絡み合った結果、シリコンバレーには、卓越した人材が集積する土壌ができ上がっています。イノベーション創出のための「エコシステム」（生態系）が構築されているのです。

シリコンバレーでは、日常生活も先端的です。

著者たちが生活するスタンフォード大学もシリコンバレーの中心部にありますが、日々、近未来のような情景を目の当たりにしています。

街角では、ビジネスマンがスマートウォッチで手早く情報を処理しながら、配車サービスアプリの車を待っています。頭にカメラを搭載した自動走行車が日夜公道を走り、太陽光で動く自作スクーターに乗って通学する高校生を見かけることもあります。

ショッピングモールを訪れると、店内を巡回している警備ロボットに遭遇します。病院では、音声コマンドで機能する「スマートグラス」をつけた医者が診察をしています。

最新テクノロジーを搭載する快適で安全な「スマートホーム」は、ミレニアル世代の人気を呼んでいるようです。シニア向けのホームでは、ＩｏＴを活用して転倒を未然に察知するＡＩのアルゴリズム技術などが試行されています。

まるで先端科学技術の実験場のようですが、まさに「Society 5.0」を先取りするかのような空間が、シリコンバレーという場所なのです。

シリコンバレーで活躍するスーパー人材たち

シリコンバレーの企業クラスターには、世界から優秀な人材たちが集まります。スタートアップのストックオプション（自社株購入権）で誕生したミリオネア（百万長者）、ビリオネア（億万長者）のニュースは、後を絶ちません。ＪＶＳＶの調査では、シリコンバレーに住む専門職（ハイスキル）人材の平均年間収入は、アメリカ国勢調査局が示す国の平均6万1000ドル（約700万円）の約2倍とされています。IT産業に勤める人の収入で比べると3倍に近いという報告もあります。

経済的なインセンティブに加えて、温暖な地中海性気候と豊かな自然に恵まれた環境、そして世界トップレベルの教育機関と人的ネットワークが、世界中の逸材をこの地域に惹きつけてきました。

そのシリコンバレーで、優れた人材の中でもひときわ輝く俊傑たちを指し、また、これから育成される世代の鍵を握るとして注目されているコンセプトがあります。それが、本書のメインテーマである「STEAM」（スティーム）です。

近年のシリコンバレーでは、従来のITビジネスの枠には収まりきらない個性あふれる事例が多く見られます。最先端の技術を使って、ユニークな発想をそのまま形にしてしまうような、興味深い試みの数々です。

例えば2013年には、「湾に浮かぶ光」（The Bay Lights）という企画が話題を呼びました。サンフランシスコと対岸のオークランドを結ぶ長さ約3キロの吊り橋（サンフランシスコ・オークランド・ベイブリッジ）を、巨大なキャンバスに見立てて作品に仕上げてし

LED電球が点灯したサンフランシスコ・オークランド・ベイブリッジ

まった驚きのアートです。
数々のヒットソングに歌われてきたゴールデンゲートブリッジに比べ、どちらかというと地味で目立たなかったベイブリッジが、この究極の演出で一躍注目を浴びました。それは、美術館の壁ではなくサンフランシスコ湾の橋にかけられた現代アートです。
夕暮れどきから夜明けまで、橋の西側に取り付けられた2万5000個のLED電球が作り出す眺めは圧倒的です。電球の一つひとつは、コンピューターのプログラムによって点滅し、二度と同じパターンが現れないように数学的アルゴリズムが組まれています。雨風にも長く耐えられるように、電球を支える器具も特別仕様で、ソフトとハードの両面で最新のテクノロジーがアート的発想を支えています。
とはいえ、この企画の趣旨は、技術的な挑戦でも芸術的な表現でもありません。最大の目的は、それによって多様な人たちの関係をつなぐことにあります。

装いを新たにした夕暮れどきのベイブリッジには、大勢の地元の住民や旅行者たちがやってくるようになりました。また、この企画には、芸術家やハイテク関係者、数学者や科学者など、様々な領域を代表する人々が関わっています。輝くイルミネーションを経済面で支えているのは、地元シリコンバレーを代表するビジネスパーソンたちです。様々な人たちが、このアートとテクノロジーを融合したデザインのまわりに集っているのです。

企画の立役者であるレオ・ヴィラリール（Leo Villareal）が名付けた通り、それはまさに「光のキャンプファイヤー」です。

カリフォルニア大学の研究者たちは、橋にかかった芸術を鑑賞に来る人々の体験知をデータとして蓄積し、共有体験が人々にもたらす影響を分析しています。畏敬（awe）を抱く経験が、人間をより向社会的にさせるという彼らの仮説は、その後心理学の学術誌で発表され反響を呼んでいます。

科学やテクノロジー、アートやデザインなど、あらゆる分野の人材が集まって互いにつながり高め合うというコンセプトが、ＳＴＥＡＭと呼ばれている現象の特徴なのです。そして、そのイノベーティブな試みを発想し牽引する人々が、ＳＴＥＡＭ人材です。

異なる専門を融合させて人を幸せにしようと、熱い思いを胸に活動するSTEAM人材たちが、シリコンバレーを中心にパラダイムシフトを起こそうとしているのです。

STEAM人材たちに学ぶ

技術やイノベーションにおいて日本の数歩先を行くシリコンバレーで、どんなビジネスや活動が営まれ、どのような人が活躍しているのか。そして、当地で注目されつつあるSTEAMという概念が何を意味しているのか。それを理解することは、今後日本が目指す新しい社会に適合した人材像を考える上で、必ず重要な示唆を与えてくれるに違いありません。

このような問題意識のもと、本書では、21世紀型の新しい人材像であるSTEAMと、その育成を担う教育についての最新情報を詳しくご紹介し、その本質に迫りたいと思います。

その中で、STEAMが決してシリコンバレーに特殊な現象ではないということ、また、STEAM人材の能力が、特別な才能のある限られた人たちの話ではなく、適切なマインドセットとスキルを身につけることで多くの人に到達可能な、開かれたコンセプトであることが明らかになるはずです。

ＳＴＥＡＭの本質についての説明に入る前に、まずは、シリコンバレーでＳＴＥＡＭを体現する人たちの活躍をいくつかご紹介しましょう。抽象的な話から始めるよりも、何はともあれ、生身の人々の姿を見てもらう方がよいと思うからです。

ちなみに、ＳＴＥＡＭ人材たちが大切にするコミュニケーションのツールに、「ストーリー・テリング」という方法があります。

目覚ましくテクノロジーが進歩し、機能や性能だけではビジネスの優位性を保てない時代に、企業や生産者に求められているのは、人をハッとさせるようなストーリー（物語）です。

例えば、製品やアイデアが生まれたきっかけなどを、体験談や興味深いエピソードを用いて、わかりやすく相手に伝えるのです。もはや数字だけでは誰も納得しない社会で、ストーリーは人の心をつかむ大きな力を持っています。

「ＴＥＤ」（テッド）をご存じでしょうか。日本でもテレビなどで紹介されていますが、「テクノロジー・エンターテインメント・デザイン」の略で、「広める価値のあるアイデア」

をテーマに、幅広い分野の専門家による講演会を主催するアメリカの非営利団体です。1984年の設立以来、その講演会には、元米国大統領ビル・クリントンや、ロックバンドU2のボノ、アップル（Apple）創業者のスティーブ・ジョブズなど、様々な領域で活躍するスピーカーが招かれています。

約18分間の制限時間内にユニークなプレゼンテーションやパフォーマンスが行われる様子は、ネットを通じて無料配信され、これまで世界中で5000万回以上の再生回数を記録し聴衆を惹きつけてきました。

本書でも、まずは、このストーリー・テリングの手法に倣《なら》って、STEAMの価値と魅力をお伝えしたいと思います。登場するのは、これまでの取材を通じて著者たちが出会った多くのSTEAM人材の中でも、とくに印象的な3人です。

1人目は、デザインとアート、テクノロジーの融合を追求するジョン・マエダ（John Maeda）です。シンプルさが思考に与える影響や、人と人とのつながり、デザインが持つ本質といったテーマを追って、最先端技術と芸術的感性を磨き、両者の関係性を模索し続けている稀有《けう》な人物です。近年はソフトウェア技術やウェブ開発、そして著作活動など多様な媒体を介して、ビジネスにおけるデザインの重要性を説きながら、幅広くアイデアを発信しています。２０１５年から毎年発表している「デザイン・イン・テック・レポート」(Design in Tech Report）は、ＳＴＥＡＭの羅針盤としても注目を集めています。

２人目は、グァ・ワン（Ge Wang）です。スタンフォード大学でコンピューター音楽の研究をリードする人物で、オーディオ・プログラミング言語「チャック」(ChucK）という画期的イノベーションの生みの親でもあります。

コンピューターという科学知と、音楽という芸術領域を融合させるワンは、研究活動を起業につなげて、２００８年にはスミュール（Smule）社を共同設立しました。アイフォン（iPhone）を使って見知らぬ人とデュエットができるアプリや、「オカリナ」(Ocarina）という電子楽器アプリなど、ワンが開発したテクノロジーは商業的にも大きな成功を収めています。

３人目は、グーグルの創業者ラリー・ペイジらとともに、研究機関グーグルＸ（現在はＸ）を共同創業したヨーキー・マツオカ（Yoky Matsuoka）です。最先端のロボット工学と神経科学をかけ合わせた「ニューロ・ロボティクス」という未知の領野を果敢に切りひらく新進気鋭の科学者で、アメリカの天才賞「マッカーサー・フェロー」を授与されています。

皆さんには、この3人のストーリーを通じて、ポスト情報社会に活躍するSTEAM人材の具体的なイメージをつかんでいただければと思います。

科学とアートを融合する――ジョン・マエダ

「ジョンはアートと数学が得意ですね」

小学校4年生のとき、親子面談で担任の先生がいった言葉を、ジョン・マエダはよく思い出すといいます。しかし後に彼をSTEAMへとつき動かしていくのは、翌日に父親の口をついて出た次のようなコメントでした。

「ジョンは数学が得意なんだよ」

アートの才能は、なぜ自慢にならないのだろう？　このことがずっとマエダ少年の胸の中に引っかかっていたそうです。

シアトルで豆腐屋を営んでいた日系の両親に育てられたマエダは、幼い頃から家業の手伝いに駆り出される生活を送っていました。家の近くにボーイング（Boeing）の大きな工場があったこともあり、父親は息子に一流大学に入ってエンジニアになるという夢を託します。

親の希望通りにマサチューセッツ工科大学（ＭＩＴ）への入学を果たしたのは１９８４年のこと。それは、アップルが、後にシリコンバレーの伝説ともなる有名なテレビコマーシャルで巨人ＩＢＭに戦いを挑み、個人ユーザー向けコンピューター「マッキントッシュ」を発売した年でした。グラフィック機能を搭載したパソコンが市場に登場し、アイコンが流行し始めていた頃だったのです。

得意だった数学を生かそうと、ユーザー・インターフェースのテクノロジー開発を目指したマエダは、大学院でソフトウェア工学を学んでいました。

ある日、偶然図書館でデザイン界の巨匠ポール・ランド（Paul Rand）の『Thoughts on Design』（邦訳『ポール・ランドのデザイン思想』、河村めぐみ訳、スペースシャワーネットワーク）に出会います。ランドの淡々とした明快なビジョンと、空間を操る力強いスタイルに感銘を受け、マエダはグラフィック・デザインに取り組むことを決心します。コンピューター・グラフィックスの開拓者だったＭＩＴのミュリエル・クーパー（Muriel Cooper）からは、芸術大学への進学を勧められました。

デザイナーとして再出発するために日本を訪れたマエダは、筑波大学大学院でアートを学びます。テクノロジーから解放されて、紙とペンと自身という基本に立ち返ることで得た気づきは、後に出版する『シンプリシティの法則』（鬼澤忍訳、東洋経済新報社）の哲学につながっています。

ランドや田中一光といったグラフィック・デザイナー界の重鎮たちとの出会いと交流を通じて、マエダはアメリカと日本を舞台に、クラシカル・デザインの真髄に触れていきます。

その後、再びMITというアカデミックな環境に舞台を移してからは、「メディアラボ」でエンジニアリングとアート、コンピューターとクラフトといった異分野を融合する研究に勤しみます。

ソフトエンジニアとしてのマエダは、「インタラクティブ・モーション・グラフィックス」と呼ばれるコンピューター技術を開発しています。コンピューター画面に描いた形状の一部をパタパタと動かしてみたり、ユーザーの音声に反応して静止画像が動いたりすることを可能にする基礎テクノロジーです。

現在はアドビのフォトショップとして広く汎用している技術ですが、開発当時は「突拍子もない」と周囲から一蹴されました。従来は画像上で静止しているはずのグラフィック

スが、マエダのコマンドによってパタパタと動き出した様子にたまげた教官が、

「なんだね、これ。すぐに止めさせなさい」

と眉をしかめたという逸話があります。

マエダと技術との関係性は極めてユニークです。マエダにとってテクノロジーとは、開発の対象ではなくむしろ「表現のツール」なのです。

コンピューター科学の数値的パターンをグラフィックアートの発想に転用したり、古いコンピューターやアイフォンを画材にして表現の対象にしたり、エンジニアとしての従来の行為からは大きく逸脱した発想で生み出されるマエダの作品は、ニューヨーク近代美術館やサンフランシスコ近代美術館などの常設コレクションにも加えられています。

その後、2008年には「美大のハーバード」とも呼ばれる全米きっての美術大学「ロードアイランド・スクール・オブ・デザイン」（RISD）に、学長として就任します。そこでも、テクノロジーとアートの双剣使いであるマエダの存在は、極めてユニークでした。2013年には「STEMからSTEAMへ」（from STEM to STEAM）という標語を掲げて、超党派のコーカス（党員集会）を実現しています。民主党と共和党の議員たちが政党の垣根を越えて、科学、技術、工学、数学の従来のカリキュラムに、広義のアート

2015年、サウス・バイ・サウスウエスト（SXSW）で「デザイン・イン・テック・レポート」のプレゼンをするジョン・マエダ

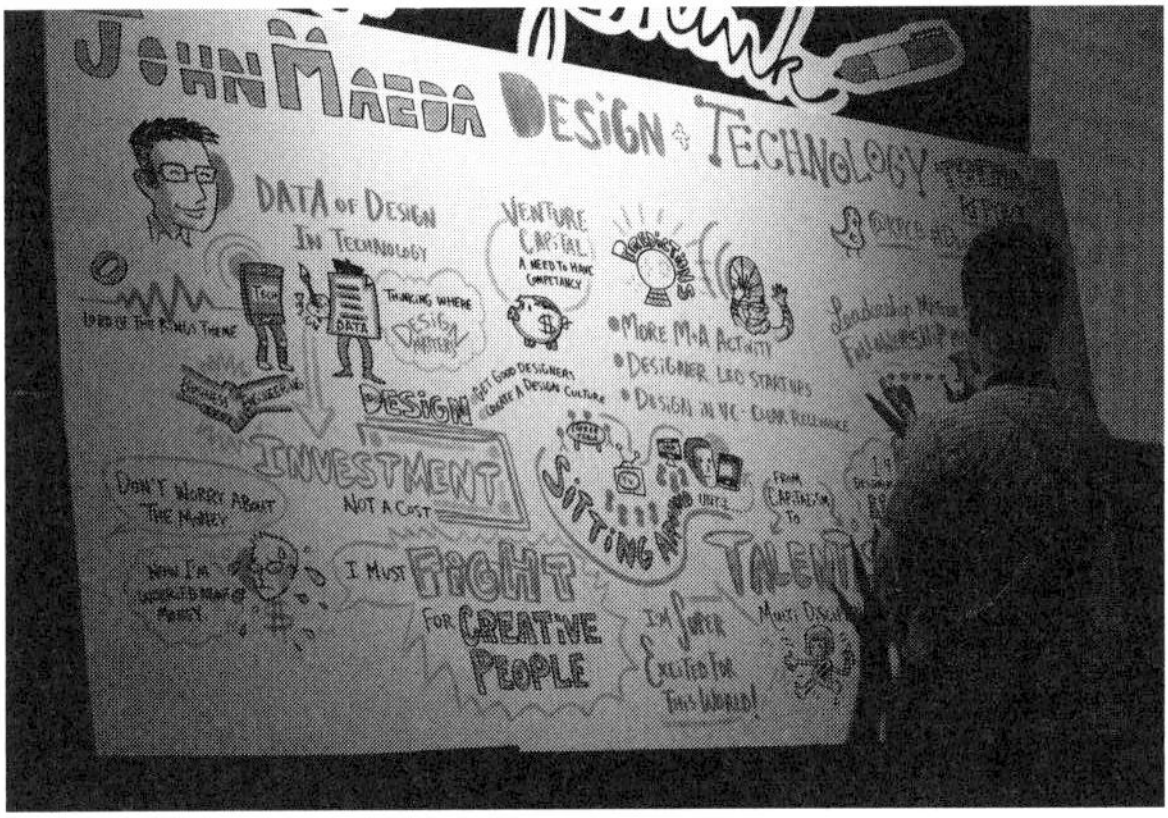

プレゼン内容がリアルタイムでグラフィックとして記録される

を加えた教育政策を提言するための、新しい場を作り出したのです。

当時アメリカでは、理数教育の重点化が図られていました（この経緯については第2章で詳述します）。他方、多くの地域で、人文やアートの教育予算は削減される傾向がありました。教育の偏りを危惧する関係者たちを中心に、「ＳＴＥＭからＳＴＥＡＭへ」は大きな運動に発展します。

本書の主題であるＳＴＥＡＭの、アメリカ教育界でのムーブメントの火付け役が、ジョン・マエダなのです。

２０１６年末の選挙による政権の交代で、政策に反映される段階にはいたっていませんが、マエダが旗振り役となったＳＴＥＡＭ教育の思想は、ＲＩＳＤやシリコンバレーの多くの教育機関にも、大きな影響を与えています。

こうして幾度も専門分野の「越境」を繰り返しては専門性を磨き、常に新しい領域に挑戦し続けるマエダ。彼をつき動かすものは、好奇心と探求心、そして何より、人間にとって大切なものを探ろうとする思いです。

彼は現在シリコンバレーに暮らしていますが、数年前に蔵書をすべて手放し、余計なものを削ぎ落としたシンプルな生活を送っているといいます。その感受性には、日系の両親に慎ましく育てられた生い立ちが大きく影響しています。毎日早朝から繰り返される豆腐作りの現場を手伝いながら、シンプルな行為に魂を込める日本特有の文化を肌で感じて育ちました。

異なる領域を回遊しながらたどり着いた見地とは、最先端技術とアートの関係性をデザインで探り、構築していくというテーマでした。

マエダは、前述のＴＥＤにも何度も登場して、自身の考えを発信し続けています。

彼は、アートとデザインの折り合いを、サイエンス（科学）とエンジニアリング（工学）の関係性にたとえます。デザインは問題に対する解決法をもたらし、アートは「なぜ？」という問いをもたらしてくれる。アートが生む問いかけを、ＳＴＥＡＭが生み出すテクノロジーに盛り込んでいくことで、人間の生活は豊かになるはずであり、ビジネスにおいてアートやデザインが果たす役割が、今後ますます大きくなるだろうと述べています。

「幸せって、何ですか？」という問いに、「他者を幸せにすることだ」と即答するマエダ。彼が探求し続けるのは、世の中を豊かにするために何ができるのか、というＳＴＥＡＭ人材の究極の問いでもあります。

コンピューターのオーケストラを率いる——グァ・ワン

「生業《なりわい》をきかれると、よく言葉につまりますね。コンピューター・ミュージックって、いったい何なのって……私自身もまだ模索中です」

肩にかかるまっすぐな黒髪を子供のように左右に振りながら、熱のこもった瞳でそう語るグァ・ワンの専門は、コンピューター音楽です。コンピューターと芸術というあまり関わりのなさそうな分野をかけ合わせて最先端の領域を開拓するワンの存在は、多様な人材にあふれるシリコンバレーでも異彩を放っています。

オーディオ・プログラミング言語ChucKを生んだ先端科学者、人気のモバイル音楽アプリを開発したエンジニア、コンピューターと音楽をこよなく愛でるミュージシャン、そして大学教授。いくつもの顔を持つワンは、現代のレオナルド・ダビンチといえるかもしれません。

ワンがパソコンのキーボードをたたき、ChucKでプログラムを入力していくと、スピーカーを通して聞こえてきたのは、音叉をたたいたときに出るような「ポー」という素朴な音でした。何の下味もついてない音色に、周波数や再生時間を変化させたり、ランダムに繰り返したりというコマンドを足していくと、まるで宇宙からのシグナルのような不思議なメロディーに変わり始めます。

エコーをかけ、いくつもの波を重ね合わせて、音色をカスタマイズすることも可能です。弦楽器を弓でこすって音色を紡ぎ出すように、コンピューターにプログラム言語を入力することで生まれる音響は、定義上、コンピューターが奏でる「コンピューター音楽」となるわけです。

こんな機械音など音楽とは呼べない、という人もいます。いったい何のためにコンピューターに歌わせるのかと、いぶかしく思う人も多いでしょう。

「何のために?」

実はこの問いこそが、ワンが最も大切にするものなのです。彼がコンピューター音楽を研究対象とする理由は、究極的には「人間とは何か」という哲学的な問いかけをするためです。

ChucKによって開発される様々なアプリケーションは、ユーザーである人間に、これまでにない新しい可能性をもたらします。人は好みの音色を探り、自分自身を発見し、コンピューター音楽を通じて他者とつながることもできるのです。

スタンフォード大学でワンが立ち上げた楽団は、「ラップトップ・オーケストラ」の異名をとります。チェロ奏者ヨーヨー・マやヴァイオリニスト五嶋みどりなど、世界的に有名な奏者たちが音色を紡いできた空間に、ノートブック型パソコンを手にした「演奏家」たちが並び、球形の特殊なスピーカーを通して独特の音の世界を披露します。まさに、人間とテクノロジーの競演です。

アイフォンを電子楽器に変えてしまうアプリOcarinaも、ChucKのテクノロジーをベースにしたワンの発明です。演奏方法はいたって簡単で、アイフォンのマイクに向かって息を吹きかけるだけ。画面に現れるいくつかのコンビネーションでボタンを押していくと、誰でも音楽を奏でることができます。

メタリックなデバイスから、実際のオカリナを吹くように素朴な土色の音色が発される様子は、なんとも幻想的です。息の吹きかけ方で音の強弱を変えたり、傾けることで音を震わすことのできる演奏の幅も、ChucKが可能にしてくれます。Ocarinaは、楽器の演奏体験を可能にするだけでなく、ユーザーが自分の演奏スタイルを発見するツールにもなるわけです。

コンピューターを楽器とする演奏家たちが並ぶラップトップ・オーケストラ

Ocarinaの人気の理由は、電子楽器としての機能性以上に、ソーシャル・メディアとしての社会性にあります。Ocarinaのユーザーは、世界中で同じアプリを使って演奏している他のユーザーたちを「見る」ことができます。アイフォンの画面に映し出された地球のイメージ上に、その瞬間に別の場所で演奏している人たちの存在が、光の束として輝いて見えるのです。

ワンらが創立したスタートアップ企業スミュールは、音楽アプリの開発で商業的に大きな成功を収めましたが、彼が究極のSTEAM人材であるゆえんは、テクノロジー開発を動機づけているその世界観にあります。

その瞬間に世界中のあちこちで、人間たちがOcarinaでメロディーを奏でている。その素朴な音色に耳を傾けていると、ユーザーの内面には、様々な情景が浮かび、情感が湧き上がってきます。これこそが、ワンのテクノロジーが人間にもたらすものであり、ワンをつき動かす動機なのです。

「重要なのは、人と人をつなげるためにどうやってテクノロジーを使うのかです」

何歳ぐらいの人なんだろう。なぜバッハを奏でたかったのだろう。どんな人なのだろう、なぜだろう。そんな疑問が、音色に耳を傾ける私たちの中に湧き上がってきます。「こういった感情こそが、私たち人間を人間たらしめているのではないでしょうか」とワンは力説します。これらの問いかけは、人間が日々の生活の中でふと立ち止まり、人生について考えるきっかけを与えてくれます。そこに答えはなく、あるのは問いだけです。それは伝統的な偉大な芸術作品（アート）と同じですが、その体験を可能にしているのは最新のテクノロジーと、それを人間につなげるデザインなのです。

ワンは著書『Artful Design』の中で、テクノロジーとアートがつながり、デザインによって何か素晴らしいものが生まれたとき、私たち人間はどこか荘厳な高揚感に包まれると論じて、その状態を「何か崇高なもの」（sublime）と表現しています。

人の魂のために、アートやテクノロジーが使われる。これこそが、ＳＴＥＡＭです。

人間とロボットを越境する——ヨーキー・マツオカ

ヨーキー・マツオカは、日本生まれです。テニスに夢中だった幼い少女は、世界一のプロテニスプレーヤーを目指し16歳で渡米します。

中学までは日本でカトリック系の女子校に通い、女性が自己主張することは好ましくないとする教育の中で育ちました。先進的なイメージの強いシリコンバレーでも、ジェンダー差別は深刻な問題で、女性の活躍はいまだに遅れています。一歩さがっていては負けてしまうと思いながらも、「日本的な女性」として引くタイミングをわきまえてバランスを取るスタイルが、これまで自分の推進力になってきたと、マツオカは語っています。

テニス一筋でカリフォルニア大学バークレー校に進学したものの、怪我《けが》と故障が続き、プロへの道は諦めます。昔から得意だったという数学と物理を生かしてエンジニアリングを専攻したマツオカは、次にその情熱を「ロボット作り」に向けていきます。

自分と一緒にテニスをしてくれる夢のロボット「テニス・バディー」(仲間)。元気なときには強敵としてチャレンジしてくれ、落ち込んでいるときにはわざと勝たせて励ましてくれる、親友のような存在を作りたかったのだといいます。

ＭＩＴの大学院では電気工学とコンピューター・サイエンスを修め、夢を追って入った研究室ではロボットとＡＩ技術の限界に挑戦するヒューマノイド・ロボットの開発に携わり、手と腕の部分の制作を担当しました。

人間の反射神経に似たしくみを使ってＡＩにモノをつかむ方法を学習させようとしたものの、すぐに壁にぶつかります。そこで自分の限界を感じたといいます。ＡＩは、生物学や神経科学にもつながっている領域ですが、当時のマツオカにはその知識がありませんでした。人の繊細な動きを機械で再現するには、やはり人間の脳を理解する必要があると、ニューロサイエンス（神経科学）の分野に挑戦します。そして、人間の脳と身体動作の関わりを研究し、最先端のロボティクスと神経科学をかけ合わせた新領域「ニューロ・ロボティクス」の草分け的存在になっていくのです。

サイエンスとエンジニアリングという、それぞれに奥行きのあるフィールドをつないで最先端の研究活動を牽引してきた功績が認められたマツオカは、２００７年には、38歳の若さでアメリカの天才賞といわれる「マッカーサー・フェロー」を受賞しました。

マツオカを真のＳＴＥＡＭ人材にしているのは、彼女の「ヒューマニズム」（人間主義）

だといえます。

マッツオカは、神経科学の研究者として、パーキンソン病など身体の自由が利かない人々の障害や、事故で身体が不随になった子供を抱えた家族の様子を目の当たりにしました。そこで、自分がこれまで培った知識や専門性を生かして、そうした人々の生活を変えられるはずだと強く感じるようになります。

カーネギーメロン大学とワシントン州立大学では、腕のない人が自分の脳で動きを制御できるアームの研究に取りかかり、脳卒中患者のリハビリ用義手を開発します。自分のテクノロジーが実際に人の役に立っている様子をもっと実感したい。限られた人生の中で自分のテクノロジーが人々を幸せにするところをしっかりと見届けていきたい。そうした思いを強くしたマッツオカは、活躍の場所を大学から産業界に移しました。

未来研究所グーグルXの立ち上げに関わり、自らベンチャー企業を起こし、アップルでは最先端のヘルスケア部門をリードして、今では「シリコンバレーで最も引っ張りだこのAI研究者」の1人として、ひときわ輝く存在です。

マッツオカは現在、ネスト（Nest）の最高技術責任者（CTO）として、「ホームオートメーション」という領域に挑戦しています。AIを使って生活者のスタイルを学習し、快適な温度に保ちつつ消費電力を減らすための、エネルギー制御技術の開発現場で彼女が直面する問いこそが、人間とテクノロジーの関係性です。

今後、ＡＩ技術がますます進んだとしても、人が皆同じように幸福を感じるわけではない。例えば、やれることは自分でやりたいと思うタイプの人は、万能ロボットの存在など望んではいない。スマートホームは１人ひとりの人間のニーズにきめ細かく応えてこそスマートであり、ただ便利であればいいというわけではない。こういった気づきを経て、マツオカが実感するのが、人間のためのテクノロジーを開発するなら、何よりもまず、対象となる人々を個別に深く理解することだという、シンプルでベーシックな真実です。

マツオカの模索は、問いかけをすることがアートだと述べたマエダや、人間とは何かと問うためにテクノロジーを開発するワンら、ＳＴＥＡＭ人材に共通する究極の課題につながっています。

デザインで技術と人間の隔たりを埋めたい。そうすることで社会を変えたい。ＳＴＥＡＭ人材のそうした願いやこだわりこそが、マエダ、ワン、そしてマツオカたちの原動力です。ＳＴＥＡＭ人材の熱い思いが、日々、私たちの生活を劇的にぬり替えているのです。

STEAMとは何か

今この瞬間も挑戦を続け、探求の場を確実に広げているSTEAM人材たちの活躍を、何となく感じ取っていただけたでしょうか。

それぞれが多才で、科学や工学、最先端テクノロジーの優秀な担い手でありながら、デザインや芸術、そしてスポーツといった分野にも才能を発揮しているところが、印象的だったのではないでしょうか。そこに共通するのは、答えのない問いを「なぜ」と追い続ける、探求に対しての真摯《しんし》な姿です。

皆、「優れた科学者」や「ビジネスの成功者」といった一元的な表現には還元できない、不思議な魅力を持っています。まずは、この躍動感あるイメージがSTAEMなのだと感じてください。

後ほど詳しく説明しますが、「STEAM」とは、科学（Science）、技術（Technology）、工学（Engineering）、アート（Arts）、数学（Mathematics）という五つの領域の頭文字を取った造語です。

ＳＴＥＡＭ人材たちに共通するのは、これまでは関連性が低いとされてきた複数の領域をつないで、活動や学びを活性化させようとしている姿勢、そして未完であることに対しての包容性の高さです。

日本でも最近、ＳＴＥＡＭという言葉が、行政の資料やメディアに少しずつ登場し始めました。政策立案の場でも、ＳＴＥＡＭ教育の必要性が議論され始めているようです。

例えば、中学校の数学の授業で、問題演習をするだけでなく、幾何学を「体感」するために折り紙アートを導入しているといった事例があります。そこでは、芸術や人文といったプラスアルファの部分が、数学や理科の学び方を変えたり、深めたりするためのツールに使われています。ともすれば理系と文系が別個に扱われがちな日本の学校教育の場で、両者を併用しようとする取り組みは画期的であり、学びを広げる可能性を持っています。

しかし、ＳＴＥＡＭは、そうした文理横断的な教育方法論にとどまるものではありません。ＳＴＥＡＭという考え方の本質についてしっかりと踏み込み、その内実を議論している例は、日本ではまだ少ないようです。

実は本場アメリカでも、ＳＴＥＡＭはまだ歩き始めたばかりの新しい概念のため、様々な議論や提案がなされている最中です。

STEAMの「A」に当たるアーツ（Arts）には、絵画や彫刻といった美術のような造形芸術や、音楽などの音響芸術の他にも、演劇や映画など様々な形態がありえます。さらに、文学や哲学などのいわゆるリベラル・アーツ（Liberal Arts、教養）と呼ばれる領域も、アートに含まれます。

ちなみにプリンストン大学では、リベラル・アーツを、あらゆる人間的な探求のための知的な苗床と定義しています。プリンストン大学名誉教授ペリー・クック（Perry R. Cook）は、人間としてバランスのとれたエンジニアや科学者を育てることが肝要だと説き、アートに加えてさらに「人文」（Humanities）「倫理」（Ethics）「リスクを取ること」（Risk-taking）をトレーニングに盛り込んだ「SHTEAMER」（シュティーマー）いわばSTEAMを実行に移す人を育てていくことが重要だと提案しています。

STEAM人材の三つの顔

諸説のあるSTEAMのコンセプトですが、本書では、著者たちが最も重要だと考えるその本質の部分を、できるだけわかりやすくお伝えしていきます。

そのために以下では、次の三つの側面からＳＴＥＡＭ人材を捉えたいと思います。

ＳＴＥＡＭ人材とは、まず第一に、人間を大切にするという思想（＝ヒューマニズム）を核に探求を続ける21世紀の新しいヒューマニストです。第二に、ＳＴＥＡＭ人材は、次々とイノベーションを起こすイノベーターのマインドセットを持ち合わせています。そして第三に、ＳＴＥＡＭ人材は、「デザイン思考」と呼ばれるデザイナーの方法論を駆使して発想・活動を行っています。

人間を大切にする「ヒューマニスト」であり、「イノベーター」であり、「デザイナー」である。いわば三つの顔をあわせ持つ者、これが著者たちの考える究極のＳＴＥＡＭ人材の本質です。

この三つの側面は、順番にＳＴＥＡＭの「目的」「マインドセット」「メソッド」を表しており、それぞれ本書の第2章から第4章の内容にも対応しています。

ＳＴＥＡＭの目的：新しいヒューマニズム（第2章）
ＳＴＥＡＭのマインドセット：イノベーターのマインドセット（第3章）
ＳＴＥＡＭのメソッド：デザイン思考（第4章）

すでに紹介した3人に限らず、シリコンバレーで活躍するSTEAM人材に共通して見いだせるのは、「人類のために役に立ちたい」「人間の生活をよくしたい」という熱い思いです。そして「人間とは何か」という答えのない問いかけを続ける姿勢です。

本書では、これを21世紀の新しいヒューマニズムとして捉えたいと思います。

この新しいヒューマニズムを追求する中で、STEAM人材たちは、本来は専門性が異なるとされてきた複数の領域を自由に越境し、回遊します。科学、技術、工学、数学、芸術やデザインといった様々な領域から、技術や方法論を取り込んで発想し、探求の旅を続けています。

STEAM人材が目指す先にあるのは、「人間そのもの」です。最先端のテクノロジーを使いつつ、そこに芸術的な感性や、画期的なデザインを取り入れて、「人間のため」に何かを生み出そうとします。彼らの営みの根底には、人間とつながろうというフィロソフィーがあります。STEAM人材をつき動かすのは、ほかでもない、人類愛なのです。

このSTEAMに通底する新しいヒューマニズムについては、次章で詳しくご説明します。

二つ目に、多様な領域で活躍するＳＴＥＡＭ人材たちですが、そこには共通する「マインドセット」を見いだせます。それは、次々と新しいイノベーションを可能にするイノベーターのマインドセットであるといえます。

多くのＳＴＥＡＭ人材たちのキャリアパスは、直線的ではありません。探求し発見するために、自由な心でアンテナをはりめぐらせて、国、組織、キャリアを越境しているからです。彼らは一生をかけて「なぜ」と問い続けながら、回遊と創出を繰り返します。この世に存在する（これまで人類が創出してきた）知識や技術や視点を、広い心で受け止め、つなぎ合わせて、全く新しいものを創出するＳＴＥＡＭは、人間を固定観念から解き放って、人類と社会を新しいパラダイムに導いてくれます。

型にはまらない自由な発想（think out of the box）、スピード感をもって、発想を行動に変えていく「ひとまずやってみる」（give it a try）精神、そして、「失敗して、前進する」（fail forward）という考え方が、ＳＴＥＡＭ人材を端的に捉えています。このイノベーターのマインドセットについては、第3章で詳しく説明します。

三つ目に、ＳＴＥＡＭ人材たちが人間のために何かを生み出そうとする際に、無意識のうちに用いている「メソッド」（方法論）があります。本書ではそれを、従来デザイナーたちが用いてきた方法、最近の言葉でいうところの「デザイン思考」として捉えたいと思います。

デザイン思考とは、ユーザー自身も問題として認識していない潜在的なニーズを吸い上げて発想し、モノづくりにつなげる行為を指します。

デザイン思考とは、デザイナーの思考法をメソッドとして取り入れることで、飛躍した発想につなげるための一連のプロセスと、それを実践するのに必要な心の在りようなのです。デザイン思考を実践する人は、ユーザーに寄りそって発想します。ユーザーの話に耳と心を傾け、そこから得た気づきを、「とりあえず」のマインドセットで形にしてみます。プロトタイプをユーザーに見せて、フィードバックに耳と心を傾けて、ひたすら改良を続けていきます。ＳＴＥＡＭ人材のメソッド＝「デザイン思考」については、第4章で詳しくお伝えします。

人間を取り巻く環境が、かつてない大きな変革期を迎えている21世紀。科学技術は日々飛躍的な進歩を続けています。そのような時代に私たちが直面している真の課題は、より新しい商品を開発して競争に勝つことでも、より多くのテクノロジーで世界を満たすことでもありません。真の問題は、この世界を、すべての人間にとって優しい場所にできるかということではないでしょうか。

人類にとって本当に役に立つものを作りたい。人間とは何かを問い続けたい。専門性を研鑽し続けながら、それぞれの熱い想いを活動につなげる最先端のＳＴＥＡＭ人材たち。彼らこそ、次世代のポスト情報社会がどう進むべきかの道筋を示す、21世紀を牽引する人材なのです。

第2章

新しいヒューマニズム

——人間性を大切にするという思想

世界に広がるSTEM教育

本章から、いよいよSTEAMの本質について見ていきますが、その前にまず、STEAMの前提となる「STEM」（ステム）についてご説明します。

「STEMからSTEAMへ」（from STEM to STEAM）といわれるアメリカ教育界に見られる動向を概観した上で、その根底に流れている「人間を大事にする」「人間の潜在力を引き出す」「人間とは何かと問い続ける」という行動の原理を取り出したいと思います。本書ではこれらを、21世紀の「新しいヒューマニズム」として捉えます。

「STEM」とは、STEAMの前身で、科学（Science）、技術（Technology）、工学（Engineering）、数学（Mathematics）の頭文字をとった造語です。この四つの領域の学びを活性化し、科学技術リテラシーを高めて、実社会に応用できる知識や技能の習得をうながそうという教育のアプローチは、STEM教育と呼ばれています。

21世紀が幕を開ける前に、アメリカなどの教育関係者や政府関係者の間で頻繁に使われ始め、世界に広がったコンセプトです。

アメリカでは、第二次世界大戦が終わる以前から、科学や技術の競争力の強化が政策として重要視されてきました。１９５７年にソ連が人工衛星スプートニク号を打ち上げると、そのニュースはアメリカの国民に大きな衝撃を与えました。軍事技術力の立ち遅れに対する危機感が高まり、科学や数学といった領域での教育水準をいっそう高めなければならないという議論が巻き起こりました。

21世紀を迎え、国際学力調査が始まった頃から、アメリカの科学技術教育はさらに新しい展開を見せます（後述）。従来の科学・技術・数学にエンジニアリング（工学）などの実学を加え、より俯瞰《ふかん》的に科学技術を捉えようというアプローチが、教育関係者の間で議論され始めたのです。

それまでは、機械工学や電子工学などは、高等教育で学ぶ専門領域だとされていましたが、そうしたエンジニアリングもまた、義務教育である高校までのカリキュラムに積極的に導入すべきだと議論されるようになります。そのようにして国民の科学技術リテラシーの底上げを目指したのがＳＴＥＭ教育なのです。

当初、科学（Ｓ）、数学（Ｍ）、工学（Ｅ）、技術（Ｔ）の順番で、「ＳＭＥＴ」という呼称が使われていたようです。しかし、ＳＭＥＴという語から連想されるイメージが不適切

（「汚れ」を意味する〝smut〟に音が似ているため）とする声があり、全米科学財団（ＮＳＦ）で科学技術スキルの向上を狙ったカリキュラム作りを担当していたジュディス・レイメリー（Judith Ramaley）が、頭文字を並び替えてＳＴＥＭとする提言をしたそうです。ちなみにレイメリー自身、生物学を専攻した科学者でした。

英語の〝stem〟には「幹」という意味があります。人間の成長を大きな木にたとえたときに、科学・技術・工学・数学の能力がその中心（幹）にある、というイメージを伝えるのにまさに言い得て妙だったのでしょうか。その後、ＳＴＥＭ教育はアメリカの教育界でバズワード（流行語）として広がり、今では、ヨーロッパ、アジア、アフリカ大陸など世界の国々で、教育政策の主軸として定着しています。

国際学力調査の普及

ＳＴＥＭ教育が、21世紀初頭から急速に世界に広がった背景には、国際学力調査の影響があります。中でも多くの国が重視しているのが、ＰＩＳＡとＴＩＭＳＳという学力調査です。

ＰＩＳＡ（Programme for International Student Assessment）は、義務教育が終了する15歳の生徒を対象に、経済協力開発機構（ＯＥＣＤ）が、３年ごとに行っている学習到達度調査です。ＯＥＣＤに加盟する30カ国と非加盟の11カ国・地域が参加しており、主に「読解力」「数学的リテラシー」「科学的リテラシー」「問題解決能力」などが測定されています。１９９７年に、生徒の学習到達度を国際的に比較し、各国の教育改善につなげる目的でプログラム開発が始まり、２０００年に第1回の調査が行われました。

ＴＩＭＳＳ（Trends in International Mathematics and Science Study）は、小学４年生と中学２年生を対象に、１９６０年設立の国際教育到達度評価学会（ＩＥＡ）が４年に一度実施している数学・理科教育の動向調査です。学校のカリキュラムで学ぶ知識や技能が、どの程度生徒の身についているのかを測る目的で設置されました。ＩＥＡは、各国の教育分野の政策立案決定に大きな影響を与えており、２０１８年度の調査には80の国と地域が参加しています。

ＰＩＳＡが、批判的思考力や応用力などの「学習スキル」に注目する一方で、ＴＩＭＳＳは各国のカリキュラムに基づいた教育の「コンテンツ」を問う内容になっており、両者の主旨と傾向はやや異なります。

こうした調査が普及したことによって、他国との学力の比較が可能となり、各国は自国の教育水準を客観的に把握して、見直しにつなげることができるようになりました。学力調査の結果が思わしくなかった国は、教育改革や人材育成の課題をつきつけられ、教育者や政治家を中心に議論が生まれています。

調査の影響で、生徒の科学技術リテラシーを高めるＳＴＥＭ教育を国家戦略とする動きが、世界中に広がりました。ＳＴＥＭ領域で専門性を身につける学生を増やし、情報化社会を支え、イノベーションの創出を担う人材を育成することが、ひいては国の競争力・影響力につながる。大学や大学院だけでなく、高校・中学校、小学校やプレスクールの年代を対象に、様々な施策が打ち出され、国家のＳＴＥＭ力の向上が図られています。

２００４年にイギリス政府は、「科学とイノベーションにつながる投資に関する10カ年計画」を打ち出しました。この政策は成果をあげ、物理学・化学・生物学の３分野すべてで大学入学の資格試験を受験する高校生の数が増えているようです（イギリスには日本のような大学入試はなく、大学に進学するためには、高校で科目別の資格試験を受ける必要があります）。

イギリスと同様に、ドイツ・フランス・オランダ・アイルランド・スペインなどの西ヨーロッパ諸国や、フィンランドなど北欧の地域においても、ＳＴＥＭ教育の質を向上させるための様々な施策が行われています。また、国際学力調査で常に上位を占めるオーストラリア、中国、韓国、台湾でも、ＳＴＥＭに重点をおいた教育政策が導入されています。

著者らが各国の教育関係者を対象に行ったインタビュー調査では、ニュージーランド、マルタ、ボツワナ、イランにおいても、数学や科学のカリキュラム改善やプログラムの拡充が図られていることがわかっています。

発明家大国アメリカの憂うつ

ＰＩＳＡの調査結果を受けて、大きな危機感を抱いたのがアメリカでした。

２０００年の調査では、ＯＥＣＤから参加した28カ国のうち、「科学的リテラシー」で14位、「数学的リテラシー」では18位という結果でした。２００６年には30カ国中、それぞれ21位、24位と、さらに転落し、その後も横ばい傾向が続いたのです。

アメリカは、建国期からテクノロジーの振興に努めてきた、いわば「発明家大国」でした。アメリカを独立に導いた政治家として歴史に名を残すトーマス・ジェファーソンは、

「ポータブル机」「回転椅子」などの実用品をいくつも発案したエンジニアでもありました。ジェファーソンが草案作りに関わった合衆国憲法には、個人発明家の権利を意識した条項が盛り込まれているほどです。

そのアメリカにとって、この国際学力調査の結果は、まさに由々しき事態だったのです。国の将来を懸念する声があがり、STEM領域の教育問題が、学界、政財界を巻き込んで、繰り返し議論されました。

2005年、アメリカ最大の科学技術諮問機関である全米アカデミーズが、STEM領域の学力低下を懸念する提言を行います。その内容は、アメリカのほとんどの州で義務教育とされる幼稚園（Kindergarten）の年長から高校までの13年間（通称「K－12」）を通じて、科学・数学の学力向上に努めるというものでした。それによって、STEM領域で専門性を身につけ学位を取得する学生の数を増やそうとしたのです。

これらの動きを受けて、当時のジョージ・W・ブッシュ政権が、STEM教育の向上に政策として取り組む「アメリカ競争力構想」を発表し、2007年には議会が「アメリカ競争力法」を制定しています。イノベーションを支える人材の育成を狙った同法は、幼稚園から大学院・ポストドクターまで、一貫してSTEM教育を拡充することを国家戦略の柱の一つに掲げています。

この法律の制定を受けて、国内の教育現場は、政府の支援を取り付けようと動き出します。小・中学校のカリキュラムにもさかんにSTEM学習が取り入れられました。高校でも科学・数学・工学といった科目で大学レベルのクラスが受けられるようになり、STEM領域で教師を育成する努力がなされています。

しかし、その一方でアメリカのPISAスコアは、数学と科学の両分野で下落し続けました。「数学リテラシー」のスコア（481点）は、OECD諸国の平均（494点）を下回り、34カ国中、アメリカは下から6番目と、まさに惨憺《さんたん》たるものだったのです。

この状況にさらに危機感を強くした全米アカデミーズは、科学技術領域における他国の改善状況、とくに中国の台頭に触れながら、アメリカの現状を憂慮した追跡調書を2010年に発表します。

2013年、STEM領域の教育の向上と人材の育成を主眼の一つに掲げたオバマ政権は、「STEM教育委員会」を通して省庁に働きかけ、K－12をさらに「P－12」（幼稚園の年中に当たるプレスクール〈Pre-Kindergarten〉から高校まで）に拡大した教育現場の改善に着手しました。

①プレスクールから高校まで一貫したSTEM系教師の拡充、②STEMを学ぶ学生の数を増やし惹きつけておくための対策、③大学生を対象にしたSTEM教育の向上、④女性やマイノリティなど、これまでSTEM領域への進出が立ち遅れているグループへの支援、⑤将来のSTEM領域におけるキャリアを確立するための大学院教育の拡充。これらの指針は連邦政府の「5カ年戦略」として打ち出され、STEM教育の拡充が図られたのです。

とはいえ、アメリカでは近年の政策が効果を生まないまま、2015年のPISA調査でも、結果は下降線をたどっています。

2016年に、オバマ大統領は2021年までに教師10万人を対象にトレーニングを拡充する構想を発表しましたが、政権がトランプ大統領の共和党に移行してからは、教育が政策議論に上がる機会が少なく、連邦政府のSTEM教育に関する指針は明らかになっていません。

2019年度の予算要求では、高校生を対象にしたトレーニングやSTEM領域の技術教育といった項目が強調されている印象は受けます。2018年11月の中間選挙で民主党が議会の過半数をとったことで、アメリカの教育政策をめぐる流れが今後どう展開するのか、関係者は固唾《かたず》を飲んで見守っています。

STEMからSTEAMへ

2013年2月、アメリカ国内でSTEM教育の推進が繰り返し議論されている中、新たな教育のコンセプトを推進する超党派のコーカスが結成されたことはすでに触れました。STEM領域の学力向上を図るという目的意識をベースにしながらも、さらに新しい要素を取り入れた「STEAM」という概念が、子供たちの学びのあり方を変えて、これからの人材育成の鍵を握るという考え方が、少しずつ広まっています。

STEMは、科学(Science)、技術(Technology)、工学(Engineering)、数学(Mathematics)でしたが、そこにアート(Arts)を加えたものがSTEAMです。

すでに第1章では、このSTEAMを象徴する人材として、ジョン・マエダ、グァ・ワン、ヨーキー・マツオカの活躍を紹介しました。3人に共通していたのは、まさに科学、技術、工学、数学(STEM)の最先端技術と、芸術・人文(A)のセンスと視点を駆使して、かつてないユニークなイノベーションを生み出しているという点でした。

ちなみに"steam"という英語は、「蒸気」「湯気」という本来の意味の他に、勢いがある、力強いというイメージを喚起させる言葉でもあります。

18世紀後半に工業化をもたらした産業革命は、これまで蒸気機関車（スティーム・エンジン）の比喩でたとえられてきました。その後20世紀後半にコンピューターが台頭し、メタリックなイメージの情報化社会が到来しましたが、その時代が終焉する21世紀のポスト情報化の時代に、再びスティームが鍵を握るというのは、なんとも興味深いリバイバルです。

従来、科学とアート（芸術・人文学）は対極にあると考えられがちでした。主観や直感といった「感覚的」なイメージがあるアートに対して、「客観性」や「論理」で特徴付けられる科学的アプローチは、相対するものとして捉えられるからでしょう。

確かに、客観性は科学のコアをなす要素です。実験科学では、同じ手順で追加実験を繰り返したときに、結果が再現できなければ科学的に真であるとは見なされません。2014年に、STAP細胞の存在の有無をめぐって大きな議論が巻き起こったことは、記憶に新しいと思います。

これとは対照的に、もし芸術作品を、作者と同じ手順で他の誰かが制作したなら、それは「模倣」になってしまいます。レオナルド・ダビンチの「モナリザ」を、誰かがそっくりそのまま再現したとしても、オリジナルの作品の芸術性が高まったり、再現者の功労が純粋なアートとして称賛されたりすることはないでしょう。

ところが最近、教育や人材育成の分野では、科学とアートのつながりが注目を集めています。

「対象物の特性をつかみ取る」「意味を昇華させる」「3次元で考える」「身体を使って知覚する」など、これまで主に芸術家が使ってきた技術的なスキルの多くが、科学・数学・エンジニアリングといったSTEM領域の学びに有用だと指摘され始めているのです。絵画などのビジュアル・アーツ（視覚芸術）領域のトレーニングは、空間的な知覚能力の発達に影響を与えたり、科学の観察力を向上させると指摘されています。

分子生物物理学・生化学の領域で研究活動を行っているベロニカ・サガラ（Verónica A. Segarra）らの研究チームは、STEM領域では対象物の特性をつかみ取ったり本質を浮き彫りにしたりする際に「視覚」を多用するため、研究者が問題解決やコミュニケーションをする上で、ビジュアル・アーツが極めて重要な役割を果たすと指摘しています。さらに、空間アートやグラフィック・アートのスキルは、対象物を3次元で捉える視点を与え、研究者に新しい発想をもたらすとも論じています。

音楽教育と数学的能力との関係性も注目されています。ハーバード大学の心理学者エリザベス・スペルキ（Elizabeth Spelke）らの研究は、高度な音楽教育を集中的に受けた子供と、そうでないグループを比較しています。その結果、前者が図形の幾何学的特性を見分けたり、点と点を結ぶ線分の長さ（ユークリッド距離）を数値的に関連づけたり、紙上の形状と形状の関係性をもっと大きな空間で再現したりする能力において、高いスコアをつけたという報告をしています。

さらにアート領域のトレーニングが、記憶力や学習一般に与える効果も指摘されています。マイアミ大学の心理学・神経科学者ジョン・ジョナイズ（John Jonides）は、音楽や演劇のトレーニングが記憶に与える効果を調査し、リハーサルで培うスキルが記憶力や言語能力の向上をもたらすと述べています。

演劇教育と言語能力（とくに物語を構成する能力）の間に高い相関関係があることを実証した研究もあります。オレゴン大学の心理学者マイケル・ポスナー（Michael Posner）のチームは、演劇や舞踊などのパフォーミング・アートに興味を持つ子供たちは、高い動機づけが集中力の向上につながるため、結果としてパフォーマンスや認知能力の高まりにつながるという理論を展開しています。

アートが人間の社会的な能力を向上させるという点も重要視されています。アートのトレーニングは、学習者の自信を高めてコミュニケーション力を向上させ、より効果的なコラボレーションを可能にするといいます。アート活動に参加する学生は学習意欲が高いという調査も報告されています。

さらに芸術は、学びに関するあらゆるコンピテンシー（行動特性）を高めるという議論が、従来の教育学の枠を超えて、脳科学の領域でも始まっています。視覚系、言語系、運動系、音楽といった異なるアート領域が、脳内の異なるネットワークに関連しているという仮説を示した研究チームもあります。

アート教育の効用についての議論が注目を集める中、ＯＥＣＤが近年の研究調査をまとめて、２０１３年にレポートを出しました。それによれば、アート領域のトレーニングが学力や能力を相対的に向上させるとの結論まではいたらないという報告の一方で、例えば、聴音といったトレーニングが生徒の集中力を高めたり、音楽理論の学習が知識を系統立てて学ぶ力を底上げするといった、より細分化された領域での効用が示されています。

ＳＴＥＡＭのコンセプトは、こういった教育分野での近年の動向や意識の高まりに、大きく影響を受けていると理解することができます。

人間を大事にするという思想

ここまでを読んで、「ＳＴＥＭって、つまり理系教育のこと？」と考えられた読者も少なくないでしょう。あるいは「ＳＴＥＡＭって、理数科目だけでなく芸術も勉強しなさいということ？」と思われたかもしれません。

日本では人文領域を指す「文系」の対語として、「理系」という言葉が定着しています。しかしＳＴＥＭと理系は、似ているようで実は異なる概念です。技術やエンジニアリングが含まれているから、「理数系」「理工系」と訳せばよいかといえば、それも正確ではないでしょう。

複数の領域の頭文字を取った名前なので、どうしてもそこに挙げられている各分野・領域に目が行きがちですが、理数系分野を重視することや、芸術・人文を含めた広い領域を対象にしているという点は、ＳＴＥＭ、ＳＴＥＡＭの特徴の一つでしかありません。

ＳＴＥＭ教育は、単に特定の科目を重点的に学ぶことを指すのではなく、融合によるシナジー（相乗）効果によって、それらの領域における学びをより活性化させようという考え方を含んでいます。

STEMからSTEAMへという流れを捉える上で、さらに重要なのは、本書がSTEAMの「目的」であると考えている「人間を重視する」という思想・行動の原理、すなわち「ヒューマニズム」（一般に「人間主義」「人文主義」などと訳されます）です。

実は、STEAMにおいて、STEMとアートを融合するということ自体は、手段ないし結果にすぎません。STEAMが目指しているものは何かというと、それは「人間を幸福にする」ことなのです。

第1章で紹介した3人のSTEAM人材に共通していたのは、科学やテクノロジーの最先端を駆使しているという点だけでなく、「人類のために役に立ちたい」「人間の生活をよくしたい」という熱い思いでした。

なぜここにきて「人間性」が重視されるようになったのでしょうか？　もとをただせば、理数も芸術も人文もすべて、人間が行う営みであったことに変わりありません。それが、科学技術が発達する歴史的な流れの中で、独立した別の領域へと分化してしまったという経緯があります。その時間を巻き戻し、本来の人間性を取り戻そうとする動き、それがS

TEAMの真の目的であると考えられます。

第1章で、AIの描いた絵画が老舗オークションハウスで競売に出され、話題を呼んだことに触れました。いまやAIが、音声認識、画像理解、言語翻訳などの分野で人間と同等以上の能力を持つ時代です。人間と人間でないものとの境界がますます曖昧《あいまい》になってくる中、「人間性とは何か」と問い直すことがあらためて重要になってきているのです。

AI時代に、人間を大切にし、人間性を取り戻そうとするムーブメントが新しいヒューマニズムであり、それを体現するのが新しいヒューマニスト＝STEAM人材なのです。

こうした人間にフォーカスをおく原理は、もちろん急に湧いて出てきたものではありません。18世紀後半の産業革命以降、それまで職人が手で作っていた手工業品に代わって、質の悪い製品も大量に市場に出回るようになりました。また科学技術の進歩が大量破壊兵器を生み出し、第一次世界大戦を引き起こしました。

ポスト工業社会の時代に、「理性」第一の合理主義を見直し、人間の在り方を問い直して、社会性や倫理性を追求しようという社会的な動きが起こったのです（これについては、第4章で詳説します）。この思想が、現代のSTEAMのヒューマニズムへと受け継がれていると考えられます。

科学や技術が目覚ましい発展をとげ、私たちを取り巻く環境が、かつてないほど大きな変革期を迎えている中で、人間は予測不可能な状況に直面しています。だからこそ、課題の本質を見極めて、解決案やオプションを発想したり、これまでとは全く異なる視点からものごとを捉える人材が必要とされ、芸術・人文的発想やデザイン的アプローチといったものが求められているのです。

先駆的教育者——キム・サックス

STEMからSTEAMにつながるヒューマニズムを理解するために、ここでもう1人、シリコンバレーで活躍する人材の例をご紹介しましょう。

今アメリカの中等教育界で起こっている改革を先導する、キム・サックス（Kim Saxe）です。教育者であると同時に、エンジニアであり、アーティストでもあります。まさにSTEMとアーツを創意工夫でつなぎ、次世代を育成する教育モデルをデザインするSTEAM人材だといえます。

サックスは、シリコンバレーのパロアルトに生まれ、スタンフォード大学の工学部で電子工学とＩＥ（インダストリアル・エンジニアリング）を修めた後、地元のソフトウェア企業で研究開発部長を務めました。もともと教育に関心の高かったサックスは、母校で修士課程の学生を相手にものづくりの思考法を講義するようになります。

20年ほど前に活躍の場を中等教育に移し、ヌエバ・スクール（Nueva School）という教育機関で「デザイン思考」を使ったカリキュラム開発に携わり、工房「イノベーション・ラボ」（通称「I-Lab」、アイラボ）を創設しました（ヌエバ・スクールと、アイラボで行われている教育については、第5章で詳しく取り上げます）。

アイラボは、シリコンバレーでＳＴＥＡＭ教育を実践している壮大な「実験場」です。最先端の機器を備えた教室には、大学顔負けの充実した設備がならび、学生たちが昼休みなどを利用してロボットを制作したりしています。

アイラボを使ったサックスの起業家教育のプログラムは、まさにＳＴＥＡＭ教育の先駆け的カリキュラムとなりました。

ここで着目したいのは、サックスが描く教育の目指す先にあるものが、科学や技術といったＳＴＥＭ領域の知識やツールを習得することではないということです。自らを「先駆的教育者」と呼ぶサックスが大切にしているのは、人間そのものです。

サックスは、「人間に内在する潜在力を引き出すこと」が教育の真の役割だと考えます。ヌエバのアイラボで、徹底的に教えられているのは「人間を知ること」だといいます。サックスの世界観には、父であるロナルド・ハワード（Ronald Howard）の存在が影響していると考えられます。現在もスタンフォード大学で教鞭《きょうべん》をとるハワード教授は、1960年代に「意思決定分析」（Decision Analysis）を確立したことで非常に有名です。不確実性の高い状況で、個人や企業が質の高い意思決定をするための方法を論じたハワード教授ですが、「選択するという人間の意思にこそ、その有用性がある」と述べています。「人間」に意義と真価を見いだした者たちが、科学、技術、工学、数学、芸術やデザインといった様々な領域から、技術や方法論を取り込んで発想する、これがＳＴＥＭからＳＴＥＡＭにつながる流れの本質です。

ＳＴＥＭに始まり、ＳＴＥＡＭへとつながる流れには、以上のような新しいヒューマニズムという原理が根底にあるのです。第1章で言及した社会の発展図式を援用するなら、おおむね情報社会（Society 4.0）の時代に適したモデルがＳＴＥＭ教育であり、ポスト情報社会（Society 5.0）時代に適合するのがＳＴＥＡＭというコンセプトであると捉えることができるかもしれません。

エンパシーはSTEAMの心

胡藝雲（Yiyun Hu）は、ユニクロのデザイナーです。

香港で小さなブティックを営んでいた母親の影響で、幼い頃からデザインが好きだったそうです。子供の頃は、ひたすら自分の感性で美しいと思うものを作っていた胡ですが、東京と上海でデザインを学び、プロとなった今、大切にしているのは「ユーザーの視点に立ってデザインすること」だといいます。

「たとえ自分がよいと思うものを作っても、売れなければゴミになるだけ。それでは地球にとってよくありません。だから着る人への愛を込めてデザインします。人と地球に対する愛をデザインにこめる。そうすればきっと、その商品を手に取った消費者はインスパイアーされるはずだと信じています」

胡は研究開発部門を経て、現在は「HANA TAJIMA」（ハナ・タジマ）とのコラボレーションで、ボトムスのデザインを担当しています。そこで手がけるのは、生活のあらゆるシーンにマッチする日用品のような「ライフ・ウェア」(LifeWear）だといいます。例えば、寒い冬の日でもオシャレしたいという人のために暖かいウールに特殊糸を混ぜてデザインしたスカートは、静電気を防ぎ、タイツと合わせてはくことができるのだと、嬉しそうに語ります。

ここで大切にされているのは人間に対する愛情です。デザインを通じて、ユーザーである人間とつながっていたいと思う、デザイナーや作り手自身の気持ちです。その人の毎日を愉《たの》しくしたい。人間の生活をよりよくしたい。ユーザーに共鳴する心を育み、その気持ちに寄りそうことで、作り手は大切な気づきを得るのです。

ここで鍵を握るのは「エンパシー」(共感)という能力です。エンパシーとは、他者の気持ちや立場に共鳴することです。それは、人間に対する愛情と興味、そして人を大切にする心から発生します。問題が顕在化しておらず、課題自体が明確に定義されていない状況では、解決を模索する人たちはカオス(混沌)の中におかれます。そこで羅針盤となるのがエンパシーなのです。人間へのエンパシーをベースにしたものづくりや探索は、STEAM人材の本質であり、有用性の高いイノベーションをもたらす原動力です。

STEAM人材の視点の中心には常に人間があり、その営みの根底には、人間とつながろうというヒューマニズムがあります。

デザイン・コンサルティングで世界をリードしているＩＤＥＯ（アイディオ）は、今後のビジネスで重要なのは、「経済的な実現性」「技術的実現性」「人間にとっての有用性」という三つの要素のバランスを取ることだとしています。

このうち、「人間にとっての有用性」とは、いい換えれば、ビジネスにおいて、「何を作るのか」（what）や「どう作るのか」（how）ではなく、「何のために作るのか」（why）を考えるということです。

第1章に登場したヨーキー・マツオカも、テクノロジストとして「why」を大切にしています。最先端のＡＩ開発に携わり、技術の行末を考えるときに、彼女が自身に問いかけるのは「なぜ作りたいか」です。人間のためにというヒューマニストとしての焦点が定まっておらず、技術ありきの発想から生まれるテクノロジーは、必ずしも人間を幸せにしないからです。

経済の発展で便利なモノやサービスが増え、人々の生活は飛躍的に豊かになりました。21世紀に求められているのは、持続可能な発展のモデルです。そのためには作り手たちがこの「何のために作るのか」に真正面から取り組むことが、極めて重要となるでしょう。ＳＴＥＡＭ人材たちの活動は私たちに大切な気づきをもたらしてくれています。

第3章

イノベーションを起こすマインドセット

ＳＴＥＡＭ人材はイノベーター

著者たちはこれまで、シリコンバレーを中心に、多くのＳＴＥＡＭ人材たちと出会い、実際に話を聞いてきました。それを通して明らかになったことは、多彩な能力を駆使し、多種多様な領域で活躍するＳＴＥＡＭ人材は、皆次々とイノベーションを実現している人材、イノベーターだということです。

本章では、この「イノベーション」「イノベーター」をキーワードにして、ＳＴＥＡＭ人材たちが現に何を考え、どのような能力を駆使し、どのような行動をしているのか、そのマインドセットに迫りたいと思います。

イノベーションというと、一昔前は天才的で特別なカリスマが起こすものだと思われていたかもしれません。しかし、現代はすべての人材にイノベーターとしての視点が求められる時代です。そして、それはＳＴＥＭからＳＴＥＡＭへとつながる新しい教育によって、実際に可能となりつつあります。以下、本章でご紹介する「イノベーターのマインドセット」も、万人に開かれているものだと考えてください。

シリコンバレーのユニコーン

企業としての評価額が10億ドル（約1150億円）を超えた未上場のスタートアップ企業は、伝説上の一角獣のように稀有な存在だとして、ベンチャー・キャピタリストの間で「ユニコーン」と呼ばれています。

ライドシェアビジネスを確立させたウーバーや、インターネットを使ってウェブ上でデータを保管・共有できるサービスを作ったドロップボックス（Dropbox）、ピンボード風に気に入った画像を収集できるサービスを生み出したピンタレスト（Pinterest）などが、ユニコーンの仲間入りを果たしています。フェイスブックもツイッターもかつてはユニコーンでした。

どれもが画期的な発想で新しいビジネスの領域を開拓した先駆的企業であることは、いうまでもありません。

ユニコーンの創業者たちは皆、突拍子もない規格外の発想を大きなイノベーションにつなげています。フェイスブックやツイッターなどのソーシャル・メディアは、人と人とのつながり方を変えました。ドロップボックスが生み出した新しいオンラインサービスは職場や家庭で人々の生産性を上げ、ウーバーはシェアリングエコノミーという新しいビジネスモデルを生み出しました。

シリコンバレーで生まれ、ユニコーンにまで発展したこれらの企業は、誰も考えつかなかった奇想天外な発想から生まれた21世紀のイノベーションの数々です。

突飛なアイデアと、それをビジネスとしてモデル化するデザイン力こそが、シリコンバレーでもピカイチのユニコーン企業を生み出す秘訣です。「そんなことうまくいくはずがない」と誰もが首を横に振るようなアイデアにも、「考えてみれば便利かも」「あれば使うかも」といった潜在的なニーズが含まれていることがあります。それをデザインの力で上手に構築すれば、既存のパラダイムをひっくり返す潜在性を持つイノベーションになるのです。

これってもしかして、ビジネスになるかも

ユニコーンを生み出したSTEAM人材の例として、民泊ビジネスの草分けであるエア

ビーアンドビー（Airbnb）の創業話をご紹介しましょう。

自分の部屋や家を短期間貸し出して収入を得たいという人と、手頃な価格で気軽に宿泊したい人を結びつけるという、眠っていたニーズを結びつけたエアビーアンドビーは、いまや3・8ビリオンドル（約4兆円）の巨大ビジネスにまで成長しています。とはいえ、このスタートアップ事業は、最初は、全く鳴かず飛ばずでした。

舞台は2007年、シリコンバレーの隆盛で不動産が高騰していたサンフランシスコです。登場人物は、RISDを卒業後、この街に移り住んでいた若きデザイナーのジョー・ゲビア（Joe Gebbia）とブライアン・チェスキー（Brian Chesky）の2人。彼らは、大家に家賃の値上げを宣告され、困り果てていました。

折しも、サンフランシスコでは大規模な工業デザインのイベントが開催予定でした。そこでゲビアが、とある思いつきをルームメイトのチェスキーに提案します。

「この街に世界中から集まってくる同業者たちを安値で泊めて、ついでにツアーガイド役も買って出よう」というアイデアに、チェスキーが「それいいね！」と飛びつきました。

2人は早速ウェブサイトを立ち上げ、買ってきたエアベッドをロフトに三つ並べると、自分たちのアパートを即席のB&Bに仕立てました。一泊80ドルのオファーには、3人の男女から申し込みがありました。仲良くなった泊まり客の1人は、ゲビアとチェスキーのプレゼン準備の手伝いまで申し出てくれたそうです。

ひょんな思いつきは、一期一会の出会いをもたらしました。最後のゲストを送り出し、玄関のドアをカチャリとしめた2人は、思わず顔を見合わせます。

「これってもしかして、ビジネスになるかも！」

2人は、かつてのルームメイトで起業経験のあるネイサン・ブレチャジック（Nathan Blecharczyk）に、すぐに連絡を取ります。ハーバード大学でコンピューター・サイエンスを学んだ彼をチーフ・テクノロジー・オフィサーに迎え入れ、黄金トリオができ上がったというわけです。

しかし、彼らのアイデアをビジネスに立ち上げるまでの道のりは、試行錯誤の連続でした。プライベートな生活空間に、見ず知らずの他人を受け入れて寝泊まりさせるという大胆な発想は、当時の常識では受け入れがたいものだったのです。

資金繰りに東奔西走する3人が、ビジネスプランをピッチ（投資家に対する計画書のプレゼン）しても、非常識この上なしと笑いものにされます。連絡した15人のエンジェル投資家のうち、8人からは「奇想天外すぎるよ、君たち」とあきれ顔で断られ、残りの7人には相手にもされず、返事すらありませんでした。

２００８年は、大統領選挙の年でした。コロラド州デンバーで開催された民主党大会を前に、当地でホテルが満室となる状態を見込んで、トリオは再び「Air Bed & Breakfast」（エアベッド&朝食）を立ち上げます。しかし、申し込みはなく、借金だけがかさむばかりでした。

ブレチャジックは、婚約者と一緒にボストンに引っ越してしまい、ゲビアとチェスキーは計画を練り直します。苦肉の策として思いついたのが、パッケージに候補者たちの挿絵をデザインしたパッケージで「限定版朝食シリアル」を作って宣伝するという、民泊ビジネスとはおよそかけ離れた発想でした。

デザイナーとしてのスキルを生かして、民主党のオバマ候補と共和党のマケイン候補が「投票してね！」とポーズするイラストを描き上げると、サンフランシスコで印刷業を営んでいたＲＩＳＤの卒業生に交渉します。裏面には民泊ビジネスの詳しい宣伝を載せたボックスを１０００箱刷り上げてもらうと、街中のスーパーを回って特売のシリアルを買い漁り、中身を詰め替えたのです。

発想の転換で生まれた奇策は功を奏し、原価1ドルのオバマ・シリアルは40ドルでも飛ぶように売れて、ネットで競売にかけられるほどの人気だったといいます。これが3万ドルの売り上げにつながり、2人はなんとか急場をしのぎます。広告の甲斐もあって、民主党大会中は「エアベッド&朝食」サービスにも申し込みが増え、希望が見えたと思ったのもつかの間、大会期間が終わると利用客は再びゼロに戻ってしまいました。

元デザイナーのペアは、残り物のシリアルにかける牛乳も買えずに、チェスキーは1年で10キロも痩せてしまったといいます。それでも、朝から晩まで次なる戦略を練り続けたという2人の話に、投資家は「ゴキブリみたいにしぶとい」とあきれながらも、ついには関心を向けずにはいられなかったという逸話が残っています。

彼らの突飛なシリアル作戦は、起業家のポール・グレアム(Paul Graham)の目にとまり、シリコンバレーのスタートアップ養成校ともいわれるYコンビネーター(Y Combinator)にメンバーとして招き入れられます。Yコンビネーターはグレアムらが2005年に創設したインキュベーター(起業を支援する組織)です。ここで2009年に念願の初期投資を取り付け、いよいよ起業への第一歩を踏み出すことに成功したのです。

エアビーアンドビーの創業者たちが、アイデアを3・8ビリオンの企業に育てるまでのプロセスは決して平坦なものではありませんでした。民泊サービスの予約用に立ち上げたサイトは、最初は誰の目にもとまらず、システムを何度もデザインし直したといいます。宿泊客ではなく、ルームメイトを見つける新サービスを立ち上げようとして、頓挫したこともありました。課題や制約を乗り越えるために、幾度も発想を転換し続け、諦めることなく企画を再構築しています。

ゲビアとチェスキーが、最初の民泊サービスで経験したのは、初対面の人をいきなり自宅に招き入れることで、普通ではありえないほどの短期間で人間関係が生まれる、という興奮と感動の体験でした。

見知らぬ赤の他人を自分の家に泊めるということは、確かに非常識すぎるアイデアです。普通なら誰もが「よく知らない人は危険だ」という先入観を持っています。しかし、エアビーアンドビーの創業者たちは、幾度も企画を練り直し試行錯誤する中で、人間の先入観や不安は、工夫次第で取り除くことができるという発見をしていきます。RISDでアートを学んだゲビアとチェスキーの2人は、デザインの力で人間の体験を構築しうることをよく理解していたのでしょう。まだ会ったことのない人と人を「信頼」で結びつけるためのプラットフォームをデザインしようと決意したのです。

彼らは、人の信頼感を得るには「適度な量の情報開示」と「第三者による評価」が重要だということに気づきました。

まったく知らない人であっても、例えば、自分の名前や出身地、飼っているペットの名前などのパーソナルな情報を共有してくれていて、150人のユーザーから高いレビューをもらっている場合はどうでしょう？「なかなかいい人そうだ」と、印象は随分変わるのではないでしょうか。

エアビーアンドビーのサイトは、ホストと利用者のコミュニケーションがスムーズに続くように、例えばコメント欄の文字数など、細かい点まで意識してデザインされているといいます。

使用者のレビューといっても、低評価のコメントは、なかなか正直には書きにくいものです。エアビーアンドビーのシステムも、最初はうまく機能しませんでした。しかし、利用者側がホストを評価するだけでなく、ホスト側も利用者を評価する相互評価システムを採用し、両者のレビューが揃うまで情報を公開しない仕組みにすることで、サイト情報の信頼性を高めるようにしたところ、うまく回り出しました。

発想をデザインの力で支え、試行錯誤の中から違いを生み出すアイデアを積み重ねていったその執念が、シリコンバレーの投資家たちを動かし、突飛な発想は巨大ビジネスへと変身をとげたのです。

ちなみに、実はYコンビネーターのグレアムもまた、RISDで学んだ経験があったそうです。そのことも、このユニコーン誕生の秘話と無関係ではなかったことが想像できます。

「経験を貸し出す」というデザイン

サンフランシスコの東デザイン・ディストリクトと呼ばれる開発地帯に、エアビーアンドビーの本社があります。建物に足を踏み入れた人は、その趣向を凝らしたデザインにハッとさせられるでしょう。

中心部のアトリウム（建物の内部に中庭風に設けられた広場）に面して、様々なモデルルームが縦に横に並んでいます。内壁には多様な素材が使われ、まるで積み木を積み上げたようにデコボコした造りです。ニューヨークで大人気だというアパートのリビングを模した空間があれば、ニューオーリンズや上海などの人気都市をテーマに、エキゾチックな家具で地域性を演出するコーナーもあります。最上階の欄干からアトリウムを見下ろすと、まるで世界中あちこちの部屋を一度に眺めているような、不思議な気分になります。

かつてゲビアとチェスキーが、デザイナーたちをアパートに泊めて街を案内したように、エアビーアンドビーの宿泊客は、オーナー（ホスト）と居間で談笑して交流するといった一期一会の経験をすることが可能です。

そのユニークさに、人々は無形の価値を見いだしたのかもしれません。「経験を貸し出す」というモデルは、その後ますます多角化し、貸し出す対象はいまやアパートの部屋や一軒家だけでなく、お城やボート、ツリーハウスやテントなどにまで広がっています。北方の土地で氷のイグルーに泊まったり、数週間南の島を丸ごとレントするケースもあるようです。「普段はできない経験」を貸し出すというビジネス戦略です。

近年ではさらに、料理教室や、音楽鑑賞、トレッキングといった、その土地に特有な文化体験をパッケージとして売り出すという企画が増えています。本社の一角には、壁一面にレトロなデザインのポスターが貼られたコーナーがあります。「ハバナの夜はミュージック」「フロレンティーンでグルテンフリー体験」「和菓子作りの京都」といったキャッチフレーズで、世界を旅して非日常の体験をしてみよう、と呼びかけているようです。

音楽や食など、宿泊先となる土地独自の文化を、そこに実際に住むホストとの交流を通して体験することで、利用者はかけがえのない経験を得ることができます。エアビーアンドビーは、人が出会うために必要な信頼を生み出すプラットフォーム作りを、デザインの力で可能にしているのです。

STEAMが生み出すイノベーションとは

本章の冒頭で、STEAM人材を理解するために重要なキーワードの一つとなるのが、イノベーションだといいました。メディアやネットでよく目にする言葉ではありますが、そもそもイノベーションとは何でしょうか。様々な解釈や定義がありますので、簡単に確認しておきましょう。

イノベーションの動詞形である"innovate"を辞書で引くと、「変化や新しいアイデアを導入すること」(ケンブリッジ辞典)、「①何かを変えて新しくすること、②これまでにない新しい何かをもたらすこと、③既存のものを変えるために、新しい方法を取り入れること」(オックスフォード英語辞典)とあります。

日本では、1人ひとりが現場で小さな技術進歩を積み上げ、努力を問題解決につなげていく行為をイノベーションとする考え方があります。日本企業が得意とする「カイゼン」方式などは、このタイプに当たります。確かにこれまで社会が生み出してきた多くの変革は、課題を解決しようとする身近な努力から生まれてきました。

しかし、与えられた問題に対して解決案を示す行為は、あくまでも「漸進的な（インクリメンタル）イノベーション」です。

OECDが作成した「オスロ・マニュアル」（第3版）では、企業の活動によって「製品」「サービス」「プロセス」のいずれかが新しく変わることをイノベーションと定義しています。

イノベーションという概念を経済活動の中で定義したのは、オーストリア出身の経済学者、ヨーゼフ・シュンペーター（Joseph Shumpeter）です。

生産手段・資源・労働力などを、それまでとは異なる方法で「新結合」することをイノベーションと定義し、①新しい商品の開発、②新しい生産方法の導入、③新しい市場の開拓、④原料や半製品の新しい供給源の獲得、⑤新しい組織の実現という五つのタイプを提示しました。

「郵便馬車をいくらつないでも蒸気機関車にはならない」といったとされるシュンペータ

ーは、イノベーションが持つ「画期的」な側面を重要視しました。より効率的な活動をもたらす新結合が既存のパラダイムをぬり替えるプロセスを、「創造的破壊」（creative destruction）と呼び、パラダイムを転換する経済活動の新陳代謝が、持続的な経済成長を可能にすると説いています。

本書で取り上げるのも、異なる専門を融合させる人々が生み出す「画期的なイノベーション」です。そこで生み出されるのは、従来のものとは本質的に異なる非連続的な何かなのです。

そしてイノベーションの担い手、つまり新しい何かを生み出す主体は、企業だけでなく個人や集団であると考えています。教育や社会システムにもたらされる変化も含めて、画期的イノベーションは、様々な領域を対象に新たなものを生み出します。

イノベーションには、日本では「技術革新」という訳語がよく使われてきましたが、これには原語のニュアンスを捉えきれていないという指摘があります。漢字に直すなら、むしろ中国語訳である「創新」の方がしっくりくるという意見もあります。

STEAM人材たちは、課題や問題点がはっきりしない状況においても、新しい切り口で見直すことで、潜在する需要（ニーズ）を開拓し、斬新な解を示します。いい換えれば、既存の発想からは思いもよらない新しい何かを生み出す人材が、本書が取り上げる「イノベーター」です。

イノベーション理論の研究家であるクレイトン・クリステンセン（Clayton M. Christensen）らは、既存のパラダイムを破壊するイノベーターたちには共通して「一見無関係に思える物事を結びつけ、独創的なアイデアを生み出す」スキルがあると指摘しています。

STEAM人材とは、まさに、つながっていないものを関連づけることによって、人と異なる考え方ができる人たちです。

イノベーターのマインドセット

独創的なアイデアを生み出すイノベーションを次々と実現しているSTEAM人材たちは、普段から何を考え、どのような能力を駆使し、どのような行動をしているのでしょうか。

私たちは、これまで多くのSTEAM人材たちに接する中で、社会の様々なセクターで活躍するSTEAM人材には、共通するマインドセットがあると感じています。それは、「イノベーターのマインドセット」として、大まかに次の三つにまとめることができるでしょう。

①型にはまらない　think out of the box
②ひとまずやってみる　give it a try
③失敗して、前進する　fail forward

それぞれ順番に説明します。

①型にはまらない　think out of the box

まず最初に、イノベーターは、既存の価値観にとらわれない自由な着想を行っています。英語に、“think out of the box”（箱から出て考える）という表現があります。社会的常識や規範といった「箱」の中にとらわれると、考え方が収束してしまい、新しい発想が生まれにくくなります。そうした型にはまらないように発想しよう、ということを示唆する言葉です。

隠された「当たり前」や曖昧さを発見し、誤った前提を見つけるときに役立つ、便利なフレーズです。例えば、アメリカのオフィスでは、ブレーン・ストーミングをする場面でチームリーダーが、"Let's think out of the box!"と仲間に声をかけたりします。

人間は習慣の生き物です。私たちは皆、経験値や前例が持つ重力に知らぬうちに引き寄せられ、前提に縛られています。なじみのないアイデアに対しては「とんでもない」「無理無理」などといった言葉がつい口をついて出ます。しかし、初めから無理と決めつけていては、新しいものは生まれません。

では、そうした縛りから自由になるには、どうすればいいのでしょうか。重要なのは、既存の領域を「越境」し、複数の領域を「回遊」することです。すでにご紹介したジョン・マエダ、グァ・ワン、ヨーキー・マツオカといったSTEAM人材が、他人と違う発想で、新しいものを生み出してきた理由を、「越境」と「回遊」というSTEAM人材の特性に見つけることができます。

マエダは、グラフィック・デザイナーでありながら、ソフトウェア・エンジニアリングを専門とする学者です。ワンの生み出したオーディオ・プログラミング言語ChucKは、コンピューター科学の科学知と、芸術知の融合でした。マツオカは、既存のロボット学と神経科学をかけ合わせることで「ニューロ・ロボティクス」という新しい学問領域を切り開きました。

ワンが3年の月日を費やして2018年に出版した『Artful Design』は、合計1650枚もの写真で構成された全カラー刷りの異色のテキストです。編集者のケイト・ウォール（Kate Wahl）は、ファカルティーが研究活動を「グラフィック・ノベル」（漫画本）形式で出版したのは、スタンフォード大学出版開設以来初めてのことだったと述べています。STEAM人材は、型にはまらない発想で「ありえない」を行動に変えていくイノベーターなのです。

彼らは、自らの専門領域や、慣れ親しんだ組織や価値観を飛び出し、様々な考え方や方法論に触れています。

人は、普段と異なる発想や理想に遭遇することで、それまで自分にとって当たり前だったことが、他者にとっては当たり前ではないことに気づかされます。その体験を繰り返していると、それまで見えていなかった前提、つまり自分の発想を縛っていたものが見えるようになるのです。

STEAM人材は、越境と回遊を繰り返しながら、思考を様々に拡散します。あらぬ方向に飛んでいった奇想天外なアイデアから新規の着眼点を得て、これまでにないアイデアや商品を生み出すことが可能になるのです。

②ひとまずやってみる give it a try

二つ目は、スピード感をもって、リスクを取りながら発想を行動に変えていくという態度です。その根底にあるのが、"give it a try"（ひとまずやってみる）の精神です。シリコンバレーでは近年、「不完全さ」を許容するカルチャーの重要性が指摘されています。

例えば商品開発の現場でいえば、とにかく作って出荷し、不具合はソフトウェアのアップデートで補完する、という考え方です。これは、品質管理にこだわり、完璧さを追求する日本の文化とは対極をなす考え方かもしれません。石橋をたたいて渡る慎重さも重要でしょう。とはいえ、たたき続けているうちに壊してしまう橋（アイデア）がないようにしなくては、イノベーションの可能性が潰れてしまいます。

「ひとまずやってみる」のマインドセットを養うためには、「プロトタイプ作り」

(prototyping)という方法がとても有用です。

プロトタイプ(原型)とは、アイデアを最終製品にするために、チーム内やユーザーからのフィードバックを得るための試作品のことです。3Dの模型の他に、絵や漫画などでアイデアをビジュアルに表現するスケッチや、イメージにつながる素材を集めたコラージュ、新商品を手に取るユーザーをロールプレイで演じる台本、ユーザーがリアル体験するための実物大模型など、様々な形がありえます。

プロトタイプを作る際に大切なのは、あまり時間をかけないことです。プロトタイプは、あくまでも「たたき台」です。アイデアの本質が伝わればよいので、最低限必要な機能だけを、簡略に形にします。

たとえ不完全でも、とりあえず形にして他者(チームメイトやユーザー)に提示することで、「ひとまずやってみよう」の精神が少しずつ身についていきます。

海のものとも山のものともつかない、これまでになかったようなアイデアには、当然大きなリスクがついてまわります。しかし、STEAM人材たちは、何はともあれ、ひとまずやってみるのです。

第1章に登場したグァ・ワンは、まだプリンストン大学の博士課程の学生だったとき、

「音楽とテクノロジーを融合させるために新しいコンピューター言語を生み出したい」と指導教授に相談しました。教室のホワイトボードにアイデアを書き出したワンを見て、担当教官だったペリー・クックは、当時を回顧しながら、手放しで賛成することはできなかったと述べています。

「リスクが高すぎる」

すでに掃いて捨てるほどコンピューター言語がある中に、新たな言語を生み出すことで博士号が取れるだろうか？　コンピューターの専門家たちに相談したところ、皆口を揃えて「やめておけ」と答えたそうです。

しかし、結局クックはゴーサインを出しました。クックの専門は音楽と電子工学ですが、駆け出しの頃にはサウンド・デザイナーをしていました。複数の領域を越境、回遊してきた自身の経験から、リスクを取るワンの挑戦を応援することにします。

クック自身もまた、「とりあえずやってみる」というマインドセットを持ち合わせていたのです。まさしくＳＴＥＡＭ人材が、世界を変えるＳＴＥＡＭ人材を育んだ逸話でしょう。

③失敗して、前進する　fail forward

三つ目に、"fail forward"（失敗して、前進する）という表現が、ＳＴＥＡＭのスピリットを端的に捉えているでしょう。

シリコンバレーで科学技術の知的所有権を専門に扱うある法律家が、こんなことを教えてくれました。

「ベンチャー・キャピタリストたちが、スタートアップのアイデアを査定するとき、投資の判断基準にする重要な要素がある。テクノロジーの質と同じくらい、あるいはそれ以上に大切だとされるのが、その会社を構成するチームのメンバーなんだ。そしてことに重要な点が、果たしてそのメンバーたちが失敗を経験しているかどうかなんだよ」

これまで長きにわたって、スタートアップの興亡を見てきた彼の言葉にはなかなか含蓄があります。

第1章でご紹介したＳＴＥＡＭ人材たちのキャリアを振り返ると、これまで幾度も、失敗を恐れずにリスクを取ってきたことに気づかされます。

マエダは、学長として迎えられたＲＩＳＤで、就任直後の金融危機で経営は困難を極め、

2011年には147対32で教授陣に不信任投票をつきつけられるという危機に直面しています。しかし、このときの経験が、アートとテクノロジーをビジネスの領域でも探索するという、新しい挑戦につながったと語っています。シリコンバレーに居を移したマエダは、デザインによる資本形成という未知のモデルを探索しています。

また、日本で生まれたマツオカは、プロのテニスプレーヤーとして世界のトップを目指し、米国に留学しました。怪我の連続でテニスを諦めた後に、大きく舵《かじ》を取り直し、ロボット工学を修めて、最先端のAI研究に携わります。しかし、人の繊細な動きを機械で再現するには、人間の脳を理解する必要があると、果敢にもニューロサイエンス（神経科学）の分野に越境しました。さらに活躍の場をビジネスに移し、グーグル、ツイッター、アップル・ヘルスケア、ネストなど、所属先を幾度も移転しながら、専門性を生かして活躍し続けています。マツオカは、これまでの人生は、その都度迷いながら、新しい道に進む決断をするという出来事の連続だったと述懐しています。

イノベーションのメッカとして躍進し続けるシリコンバレーには、その秘訣として、失敗に対して寛容なカルチャーが当地に根付いていることを指摘する人がたくさんいます。

「失敗して、前進する」

「失敗」と「前進」は、一見すると反対の概念のようですが、ＳＴＥＡＭ人材は皆、失敗から学び、次の一歩につなげていきます。確かに、失敗には停滞や後退といった負のイメージがついて回ります。しかし、どんな決断にもリスクは内在します。新しいことに挑戦するとき、その先には必ず失敗の可能性が横たわっています。リスクゼロの挑戦など、チャレンジではありません。

ＳＴＥＡＭ人材に共通するのは「とりあえずやってみて、失敗して、前進する」というスピリットです。失敗するということは、新しいステップを踏み出した証拠です。イノベーターとは、失敗をむしろ「誇り」とするマインドセットの持ち主です。

シリコンバレーといえば、若い20代の若者が一獲千金のチャンスを手にして大成功するというイメージが強いかもしれません。確かに、先に挙げたユニコーン企業の多くが、20代そこそこの人材によって創業されています。

しかし現実には、たとえアメリカン・ドリームの温床とされるシリコンバレーとはいえ、若者が単独で起業し成功するのは極めて稀《まれ》なことです。実際にベンチャー・キャピタリストが投資対象として最も有望視するチームは、メンバーの平均年齢が40代であるチームだといわれています。ＭＩＴの研究者チームは、２００７年から２０１４年の間に起業した

270万人を対象に調査を行い、スタートアップの創業者の平均年齢は42歳、とくに成長企業では平均45歳だったと報告しています。

これは、40代であれば、それぞれに幾度か起業を試みて（失敗して）おり、起業家として必要な知識と経験を蓄積していると想定されるからだと考えられます。

リスクを取って多様な体験を積み、失敗から学んだ人材が、既存の考え方を打ち破って、人をあきれさせるような突飛な発想で潜在するニーズを発掘したとき、私たちの生活や思考を根底から覆すような、真の「画期的イノベーション」が生まれるのです。

誰でもイノベーターになれる

「イノベーションを起こせる人なんて、一握りの天才か、特別に優秀な人だけに限られる」と思われるでしょうか？　確かに一昔前はそう受けとめられていたかもしれません。しかし、様々な研究や事例が、違う可能性を示しています。

「イノベーターのマインドセット」は、学習によって後天的に身につけられる能力なのです。決して先天的な能力ではありません。

リスクを取って、未知に取り組むSTEAM人材。その思考の根底には、正しいメソッドとトレーニング次第で誰もがイノベーターになれる、という確信があると考えられます。

アメリカの心理学者キャロル・ドゥエック（Carol S. Dweck）は、人間の能力は学習や経験によって伸ばせるという仮説を、20年間にわたる調査で実証しました。

問題が難しすぎるからという理由でやりたがらない学生と、課題が困難であるほど逆に目を輝かせる学生とがいます。一度の失敗で折れてしまう人と、失敗を恐れず学び続けようとする人がいます。この違いはどこからくるのかという素朴な問いが、彼女の研究の出発点でした。

ドゥエックは、その答えが、能力をめぐる二つの世界観にあると考えました。

例えば、パズルの問題を与えて、それに正解した子供たちに2種類の異なるリアクションを与えます。「君は頭がいいね」という反応と、「君はすごく頑張ったね」という反応です。

「頭がいいね」というコメントをされ続けた子供は、能力は生まれつき決まっていると考える「固定型マインドセット」（Fixed Mindset）を持つようになるといいます。失敗体験が続くと、自分には能力が足りないのだと結論づけて、諦めやすくなったり、挑戦すること自体にも臆病になります。

一方で「すごく頑張ったね」という褒め方をされた子供は、正解した結果そのものよりも、到達するまでのプロセスを重視することを学び、能力は努力次第で伸ばせると考える「成長型マインドセット」(Growth Mindset)を発達させるのです。

成長型マインドセットの持ち主は、あえてリスクを取っても果敢に挑戦し続け、失敗体験から学んで次につなげようとするため、結果として、自分の中にある潜在能力を伸ばすことになります。

この研究結果は、大きな反響を呼びました。ドゥエックの著書『マインドセット「やればできる!」の研究』(今西康子訳、草思社)は、研究者だけでなく幅広い読者をつかんでベストセラーとなり、シリコンバレーでも教育現場や企業のリーダーシップ研修から、家庭の育児にいたるまで、大きな影響を与えています。

ドゥエックが提示したフレームワークは、STEAM人材、イノベーターの分析にも当てはめることができるでしょう。すでに挙げた三つの「イノベーターのマインドセット」を、ドゥエックのいう「成長型マインドセット」として捉え直して考えるなら、教育によって、誰もがSTEAM人材になる可能性が開かれているということになります。

企業戦略やイノベーションの理論家や実践家たちも、同様の考え方を示しています。前述のクリステンセンたちは、革新的なアイデアを生み出す力（創造力）は知性だけでなく、「関連づける力」「質問力」「観察力」「ネットワーク力」「実験力」といったスキルを鍛えることで、後天的に矯正できるとしています。

スタンフォード大学のハッソ・プラットナー・デザイン研究所（通称「d.school」）やデザイン・ファームＩＤＥＯの創設に深く関わったデイビッド・ケリー（David Kelley）と、弟のトム・ケリー（Tom Kelley）は、自分には周囲の世界を変える力があると信じる「クリエイティブ・コンフィデンス」（creative confidence）がイノベーションの鍵であり、それは努力や経験によって筋力のように鍛えられる資質だと述べています。

このように、教育やトレーニングを通じて、誰もが画期的なアイデアを生み出すことが可能です。型にはまらない（think out of the box）、ひとまずやってみる（give it a try）、失敗して、前進する（fail forward）という行動姿勢を、周囲から「よく頑張っている」と認めてもらうことで、人は「やればできる」というマインドセットを身につけ、イノベーターとしての潜在力を育んだり、資質を開花させたりすることができるのです。

スタンフォード大学の「バイオデザイン」

以上のようなイノベーターのマインドセットを応用しながら、実際にSTEAM人材を育てようとしている試みをご紹介しましょう。

2001年にスタンフォード大学に創設された「バイオデザイン」のフェローシップ・プログラムは、医療デバイス開発をリードできる人材の育成を目指して作られた、先端的な教育プログラムです。

医学・工学・ビジネスの専門家を集めて、実際の医療現場に送り込み、潜在的なニーズの発掘からデバイスの発案、さらに初期開発にいたるまでの一連のサイクルを経験させるユニークなトレーニングを行っています。

医工連携で起業家教育を行うバイオデザインのプログラムには、メディカルスクールやビジネススクールを卒業した学生、エンジニアリングやサイエンスの領域で修士や博士を取得した人材が応募してきます。

選抜されたフェローたちは、4名で構成するチームに分けられ、1カ月のオリエンテーション期間を経て、スタンフォード病院の医療現場で徹底的な現場観察や聞き込みを行います。

各チームは現場で得た気づきをもとに、潜在的な課題・需要を議論して具体的なニーズをリストアップしていきます。技術的な可能性や市場性などを検討したのちに、チームは学内外の専門家のアドバイスを受けつつ、最も本質的だと思われるニーズを選定し、それに対するソリューションと事業化を検討して事業計画を練り上げます。

このプログラムでフェローたちが身につけるのは、まさに、型にはまらず発想し、ひとまずプロトタイプを作ってみて、失敗して前進するという「イノベーターのマインドセット」です。

バイオデザインが行っているのは、「探求型」の学びです。プログラムの現場では、教官が講義を通じて指導するのではなく、学習者（フェロー）が主体となって、自ら発見し問題解決を行います。これは、系統だった知識の習得に重点をおいてきた従来の医学・工学教育とは大きく異なるものです。そこで行われている学びは、必ずしも明瞭な解答の出ない状況にも対応するための、21世紀人材育成型のトレーニングです。

フェローたちは、それぞれがすでに高い専門性を身につけ、各々の領域で研鑽を積んできた人たちです。それまでに大学院などで学んだ「情報を収集し、状況を多角的に検討して、戦略を練って解決法を探る」という方法をまるで覆すようなトレーニングに、最初は戸惑うフェローも多いといいます。

創立時からディレクターを務めるポール・ヨック（Paul Yock）は、これまでの18年間を振り返りながら、ニーズ発見にいたるステップにおいて「メソッド」自体の習得以上に大切なのは、マインドセットを身につけることだと指摘しています。

ニーズを発見することの重要性

このプログラムの発端は、まさにイノベーターのマインドセットである、型にはまらない発想の大切さを深く理解する2人の人物が、シリコンバレーで出会ったことに始まっています。

医師であり、発明家であり、起業家でもあるヨックは、血管内をリアルタイムで検査することができる超音波搭載カテーテル「アイバス」（IVUS）の開発で医療現場を革新させ、世界的に知られています。一方のジョッシュ・マコーワー（Josh Makower）は、医学、エンジニアリング、ビジネスでトレーニングを積み、複数のスタートアップを立ち上げた起業家でした。

スタンフォード大学医学部の教授でもあるヨックは、心臓内科医として患者の治療にあたる中で、もっと使い勝手のよいデバイスがあってよいはずだと強く感じていました。その経験が、ＩＶＵＳなどヨックの発明につながっていきます。臨床医として、医療機器の開発に携わるうちに、作り手が実際に現場に身をおいて、関係者のニーズをきめ細かく捉えることの大切さに気づいたのです。

シリコンバレーの医療デバイス関連企業群と太いパイプを持つヨックは、医療デバイス開発でリーダーシップをとれる人材の育成を喫緊の課題と見て、大学が産業界と連携することで、リーダー育成のメカニズムを構築できるのではないかと考えます。

一方、メディカルスクールを卒業してから、製薬会社ファイザー（Pfizer）の医療デバイス部門で戦略イノベーションを担当していたマコーワーは、当社に買収された優れた起業家たちが皆、現場の需要（ニーズ）を画期的なイノベーションにつなげていたことに興味を持っていました。

マコーワーはニーズ発掘型のプログラムを社内に創設し、軌道に乗せます。それは職員と医学生からなるチームを病院に送り込み、外科医の執刀現場を数週間にわたって観察させ、医師たちともコミュニケーションをとらせながら、現場に潜むニーズを発掘するというプログラムでした。「必要は発明の母といいますが、人を適材適所に送り込んでニーズを発見させるわけです。そうすればイノベーションは自然に発生するはずです」と、当時の社内報でマコーワーは語っています。

その後、医療デバイスのベンチャーで成功したマコーワーは、シリコンバレーでヨックと出会います。バイオテック企業が集中する地の利を生かし、スタンフォード大学を軸にして、医療機器開発をリードする人材教育のインキュベーターを作りたいと、ヨックがビジョンを語ります。そこでマコーワーは、ファイザーで立ち上げたプログラムのノウハウを供与しようと申し出て、2人はすっかり意気投合したのです。

ニーズ発掘型の医工連携教育で起業家を育成しようというヨックとマコーワーの提案に、当時は、ほとんどの大学関係者が懐疑的でした。医療という「聖域」にビジネスを持ち込むというアイデアは、大きな物議を醸します。

今でこそ「アントレプレナーシップ」（起業）と題する講義が人気を呼ぶスタンフォード大学ですが、1990年代末には、それを医療という領域に持ち込むなど「ありえない」と考えられたのです。バイオデザイン構築の提案に、人々は眉に唾をつけるか、拒否反応を起こすかでした。

2人は辛抱強く周囲の説得に取りかかります。人間（患者）のケアと起業（利潤の追求）の並存という一見して逆説的な目的は、実際には相互補完的です。研究が生み出す知識や技術を人間のために役立たせ、大学が社会に真のインパクトをもたらす貢献をするには、両者をデザインで結びつけて協働させなくてはならない。あり得ないと首を振る関係者を相手に、2人は熱意を持って説得を続けたのです。

医療と教育のイノベーション

バイオデザインは、医療デバイス分野のイノベーション開発を学問として体系化し、大学院教育に組み込むという点で、まさに前例のないものでした。その功績が認められ、2018年には全米技術アカデミーはヨックに、エンジニアリング教育の開拓者に贈られる「ゴードン賞」を授与しています。

ヨックは、メディカルスクールに進学する前に、リベラル・アーツで知られるアマースト大学とオックスフォード大学で哲学を修めています。医学倫理の問題を探求する中で、教育者としての視点を培ったのかもしれません。彼もまた「新しいヒューマニズム」を大切にするＳＴＥＡＭ人材だといえます。

産業界と大学を橋渡しするヨックと、医工連携の知識と経験を積んだマコーワーという2人の越境人材が生み出したバイオデザインは、まさに教育の「イノベーション」です。

21世紀型の学習メソッドに基づいた医工連携の教育プログラムには、世界各地の関係者が注目しています。インドに続いてシンガポールで政府の支援を受けたバイオデザインプログラムが設立され、アイルランド、イギリスでも導入されています。さらに中国、ブラジル、デンマーク、フランス、スウェーデン、フィンランド、スペインといった国々でも、バイオデザインを模したプログラムが試みられてきました。

日本でも、政府の支援を受けて２０１５年に「ジャパン・バイオデザイン」が立ち上がり、大阪大学、東京大学、東北大学が人材の育成に取り組んでいます。

本章の冒頭で、現代はすべての人材にイノベーターとして視点が求められる時代だといいました。ただしそれは、すべての人が天才的なカリスマにならなければいけないということでは決してありません。複数の領域で専門性を研鑽するスーパー人材にならなくとも、異なる領域のエキスパートたちがイノベーターのマインドセットを育んで、人間を大事にするという新しいヒューマニズムに基づいてコラボレーションすることで、STEAMの発想が十分に可能であることを、バイオデザインの事例は示しているのではないでしょうか。

第4章
デザイン思考の本質

STEAM人材とデザイナー

STEAM人材の「目的」と「マインドセット」に続き、本章では、彼らが援用する「メソッド」（方法論）の側面に光を当てたいと思います。

STEAM人材たちは、人間のためにイノベーティブなアイデアを生み出す活動の中で、意識的、無意識的に、ある特徴的な方法を用いています。それは本来、主にデザインという分野で培われてきたメソッドであり、現在、一般に「デザイン思考」（デザイン・シンキング）と呼ばれている方法として捉えることができます。彼らは、デザイナーのような思考法を取り入れることによって、思いもよらない新しいアウトプットを可能にしているのです。

以下では、デザイン思考の本質と、その実践の方法について解説していきます。そして、デザイン思考というメソッドが生まれた歴史的背景を振り返り、そこからSTEAMの未来を展望したいと思います。

デザイン思考において必要になる理念や世界観は、これまで詳説してきたSTEAM人材の目的、マインドセットとも密接に関わっています。

ビジネスの世界でデザインの重要性が増している

世界のアーティストや先端企業のトップたちが、年に一度、ハイテク産業のクラスターがあることでも知られるテキサス州の州都オースティンに集う「サウス・バイ・サウスウエスト」（SXSW）という一大イベントがあります。1987年に音楽祭として開催されて以来、毎年その規模を拡大し、今ではテクノロジー界の大物たちも巻き込む大規模なマルチメディアイベントに成長しています。

2015年のSXSWインターアクティブの祭典で、ジョン・マエダが「デザイン・イン・テック・レポート」(Design in Tech Report）と題するプレゼンを行い、注目を集めました。その内容は、近年、アメリカ企業のマネジメントが、デザイナーを積極的に活用する傾向が加速している、というものです。

2010年から2015年の間に、グーグル、フェイスブック、ヤフー、アドビ、リンクトインといったシリコンバレーの大手は、デザイナーを創業者とするスタートアップを

27社も買収しています。

いまや推定企業評価額が約4兆円ともされるエアビーアンドビーが、ＲＩＳＤを卒業した若いデザイナーたちの始めたスタートアップだったことは、第3章ですでに見た通りです。

また、２００4年から２０１5年までに大企業が買い取ったデザイン・ファームの数は42社にものぼるといわれています。アクセンチュアやマッキンゼーといったコンサルティング・ファーム、会計事務所のデロイト、金融大手のキャピタル・ワン（Capital One）など、従来はデザインと縁がなかった異業種大手が、積極的に買収に乗り出しています。フォーチュン５００に名を連ねる企業が、こぞってデザインに関心を寄せているということです。

その理由としては、産業界がエンジニアリングだけに頼った従来の製品開発に限界を感じているということがあるでしょう。品質や機能性だけでは、商品が売れなくなっています。安定した品質と高度な機能に加えて、しゃれたスタイルを備えた製品はもはや現代の消費者にとっての「当たり前」なのです。

ちなみに、大きな反響を呼んだマエダのこのプレゼンは、以来「デザイン・イン・テック・レポート」として毎年発信されるようになり、STEAMの将来を占う報告書として、シリコンバレーをはじめビジネス界の関心を集めています。

デザインの範囲が拡大

「デザイン」「デザイナー」という言葉の意味する範囲は、拡大しています。

かつて、デザインと聞いて人々が想像したのは、パリ・コレクションの華やかなオートクチュール・ドレスや、おしゃれなデザイナーズ家具、道ゆく人の目を奪う斬新な建築物だったでしょう。それらは、主に「モノ」のデザインでした。

ところが現在では、人間の生活を取り巻くあらゆるモノや情報が、デザインの対象になっています。グァ・ワンの言葉を借りるなら「デザインとは、世にあるすべてを対象にした営み」なのです。

いまや人々の「エクスペリエンス」(体験)そのものが重要な消費財になっており、企業には製品以上に体験に着目することが求められています。

例えば、映画や音楽、ゲームやスポーツといったエンターテインメント産業では、コンテンツの面白さだけでなく、観る人に感動を与える「体験」そのものを上手に構築することが重要になりました。

「スーパーボウル」として知られるアメリカンフットボールの王者決定戦は、絶大な人気を誇る全米ナンバーワンの祭典です。人気の絶頂にあるエンターテイナーたちが登場し、国中の人々がテレビで観戦を楽しむため、スポーツイベントの枠を超えた国民行事となっています。

最高の視聴率を稼ぐ試合の合間に放映されるコマーシャルの相場は、30秒で500万ドル（約5億7000万円）ともいわれ、視聴者にどんな「体験」を構築できるかが企業の収益にも影響するといわれています。2017年には84ランバー（84 Lumber）という建築資材会社が、アメリカの国境を目指す移民の母娘をテーマにしたドキュメンタリー風のコマーシャルを放映し、その政治性の有無をめぐって大きな反響を呼びました。

体験が重視される時代に求められるのは、ユーザーである人間に関する知識を取り込んで、新しい価値を生み出すことです。その鍵を握るとしてデザインが注目されているのです。

人間を重視するデザイナーの思考

しかし、近年デザインが重視されているのは、決して商業的な理由からだけではありません。その背景には、第2章で詳述した人間を大切にするという新しいヒューマニズムが深く関わっていると考えられます。

例えば、この世には、見た目には全く問題がないのに、使ってみるとどうも不便だと感じる製品がたくさんあると思います。それらはおそらく、技術的観点から精密性のみを追求したり、利益重視で効率性だけを重視して作られたものでしょう。ユーザーである「人間」を重視しなかった結果です。

ユーザーである人間を大切にする発想は、人が実際にその製品を使って生活する現場に身をおき、共感すること（エンパシー）で初めて達成できます。徹底的にユーザーの立場に立って考えることで、人と製品とを取り巻く環境や、そこに内在する問題の本質を見つめることが可能となり、これまでになかった切り口も見えてくるからです。視覚や聴覚を用いた情報だけでなく、触覚、嗅覚、味覚といった五官を使った発想は、ユーザーの心情にアピールします。

実はこのような仕事は、従来デザイナーたちがやってきたことです。デザインとは、色や形を決めたり、見た目を美しくするだけではありません。デザイナーの仕事は、売れるもの、ユーザーに受け入れられるものを作ることです。そのためには、何よりも人間を深く知りたいと思うヒューマニズムが基本となるのです。

デザインは、これまでにない発想をものづくりのプロセスに持ち込みます。ときには哀感を漂わせて共感を誘い、ときには見る人をぎょっとさせる演出で話題性を引き出すのも、デザインがもたらす効果です。とはいえデザイナーのこだわりを前面に出しすぎると、個性がむき出しとなって汎用性が失われる恐れがあります。デザインに求められるのは、あくまでもユーザーの気持ちや感じ方に寄りそう姿勢なのです。

IDEOのCEO（最高経営責任者）ティム・ブラウン（Tim Brown）は、「デザイン思考家の仕事は、人々が自分たちでさえ気づいていないうちなるニーズを明らかにする手助けを行うこと」だと述べています（『デザイン思考が世界を変える』千葉敏生訳、早川書房）。

技術の進歩によって人間を取り巻く環境が激変する中、5年先でも予測が難しい世の中です。「人間が本当に何を必要としているのか」を、きちんと見極めていくことが、これからの時代ますます肝要となるでしょう。

そのために必要な発想法をデザイナーの思考メソッドに見いだすことができる、と考えられているのです。デザインとは、人間が本当に必要としているもの、解決を望んでいる問題を見極めた上で、イノベーティブな切り口でその解決策を提案することなのです。

論理よりも直感

20世紀後半には、高品質の製品を低価格で提供した日本の製造業が、世界市場で優位を築きました。また、アメリカの金融サービス業が、高い分析力によって世界を席巻しました。しかし、21世紀に入り、そうした機能性や効率性を優先したアプローチは限界を迎え、企業は新たな方法を模索しています。そこで注目されているのが、近年「デザイン思考」と呼ばれているメソッドです。

シリコンバレーでは、多くの教育機関や企業が、新しいアイデアを生み出すためのメソッドとして、デザイン思考を積極的に取り入れています。

デザイン思考という言葉は、日本でも10年ほど前から少しずつ知られるようになりました。企業や大学などで、デザイン思考を取り入れたワークショップが行われています。書店に行けば、ビジネス書やデザイン系の書棚に、デザイン思考をテーマとする本が並んでいます。しかし、デザイン思考が何を指すのかについては、多くの方々がまだ曖昧な印象を持ったままのようです。

同じ「思考」という語尾からの連想でしょうか、論理的思考（ロジカル・シンキング）や批判的思考（クリティカル・シンキング）と混同している例も見受けられます。著者たちのところにもよく質問が寄せられるので、簡単に整理しておきましょう。

哲学者の野矢茂樹は、「論理力」と「思考力」を区別しています。「論理力」とは、考えをきちんと伝え、また伝えられたものをきちんと受け取る力であり、「思考力」のような「新しいものを生み出す力ではない」としています。したがって、論理と思考を混同させる「論理的思考」という表現は、そもそも語弊があるといいます。

本書でも「思考」と「論理」を分けて考えます。「思考」とは、ある現象を理解したり説明したりするために、アイデアを積極的に飛躍させ、仮説を形成することだと捉えてください。

一方、「論理」（ロジック）とは、言葉と言葉の関わり方のことです。論理の役割は、思

図表4-1　論理的・批判的思考とデザイン思考の違い

論理的思考（ロジカル・シンキング）	批判的思考（クリティカル・シンキング）	デザイン思考
論理（ロジック）ベース		直感ベース
説得するためのツール		発見のためのツール
主に左脳を使う		脳・五官を使う
思考プロセスが論理的に正しいかどうかをチェックする	客観的な視点で、様々な方向から多面的に分析して考察する	積極的にアイデアを飛躍させて仮説を形成する

考のプロセスが正しいかどうかをチェックして、形成された仮説に説得力を持たせることです。いい換えれば、ある「思考」が、客観的な判断であるか、正しく構築されているかどうかを、「論理」というツールを用いてチェックするのです。

また、批判的思考における「批判」とは、与えられた課題や状況を、様々な方向から多面的に分析することだと捉えてください。物事を判断する際に、客観的な視点をもって、情報をうのみにせず「本当にそうだろうか」とじっくり考察する「ほどよい懐疑主義」（伊勢田哲治）が「批判」的な態度だといえます。ここで使われるのも「論理」というツールです。

つまり、論理的思考や批判的思考は、いずれも「論理」を使って人や自分を説得するためのツールです。それに対して、デザイン思考が重視するのは、論理ではありません。

デザイン思考は、基本的には「ものづくり」の思考・方法です。ただし、単なるものづくりではありません。それは、「なぜ作るのか」（why）という問いから始まり、「何を作るのか」（what）を発見し、「どう作るのか」（how）を模索するプロセスです。ものづくりの対象には、手に取れる物理的なモノだけでなく、「体験」や「価値観の構築」といった目に見えないものも含まれます。

その意味で、すでに「何を、どう作るか」がある程度決まっている状況下で、より効率的・合理的にする方法を「論理」的に判断したり、作られた作品・製品の価値を高めるにはどうすればいいか「批判」することとは区別されます。

また、「何を、どう作るか」が決められた中で、それを精巧に作る技術や、見た目を微調整する狭義のデザインとも異なります。

「ものづくり」と聞くと、企画や生産部門に携わるクリエイティブな職種を思い浮かべるかもしれません。「私は営業職だし」「自分はマネージャーだから」関係ないと思われるでしょうか？　しかし、そうした従来の考え方では立ち行かなくなっているのが、現在のビジネスの状況です。

今後は組織に属するあらゆるビジネスパーソンに、この「ものを作る」という発想が不可欠になってきます。また、教育や人材育成においても、この「ものを作る」という作業を通してしか学ぶことのできない能力が、求められるようになっているのです。

いわば、デザイン思考は、なぜ作るのか（why）に焦点を当てた「発見」のツールなのです。

フランスの数学者ジュール・アンリ・ポアンカレ（Jules Henri Poincaré）は「証明は論理によって、しかし発見は直感によって」といいました。

また、紺野登は『ビジネスのためのデザイン思考』（東洋経済新報社）の中で、デザインとは通常の思考活動と異なり「人間の最も深いところにある能力、情感や身体的能力をフルに参加させ」て、直感をベースに知を創出する方法論だと述べています。

つまり、発見を目指す発想の手法であるデザイン思考は、論理ではなく「直感」をベースにしたものなのです。

多くの実践家や理論家が指摘している通り、デザイン思考とは右脳と左脳といった頭脳だけでなく、手や足などの体に加えて、視覚、聴覚、触覚、嗅覚などの五官をフルに活用する方法論です。

以上をまとめると、論理的思考、批判的思考は「論理」を使って人を説得するためのツールであり、デザイン思考は「直感」を使って発見をするためのツールである、ということになります。

デザイン思考は発想の道場

「直感」を使った方法とはどのようなものでしょうか？

デザイン思考は、方法論の一種として紹介されることが多いからでしょうか、一連の手順を定式化した、数学の公式のようなものと思われがちです。その公式に情報を当てはめれば、自動的にクリエイティブな発想が得られるはず、といった期待をする人も多いようですが、それは正確な理解ではありません。

確かに、ワークショップなどでデザイン思考を学ぶ際に、一連の決まった手順を踏むことがあります（後ほど詳しく紹介します）。

デザイン・ファームのビオトープ（BIOTOPE）代表の佐宗邦威《さそうくにたけ》は、それを空手の「型」にたとえています。

型を学ぶだけでは空手はマスターできません。それと同じように、デザイン思考のステップに忠実に活動しても、それだけですぐにクリエイティブな発想やイノベーティブなアイデアが生まれるわけではないのです。

著者たちは、まさに本書の第2章、第3章で見てきたSTEAM人材のヒューマニズムと、イノベーターのマインドセットを組み合わせることが重要だと考えています。その上で、デザイン思考の一連のステップを踏みつつ、アイデアを練ったり飛躍させたり、とりあえず形にして可視化したりするプロセスの中で、自由に発想する奥義《おうぎ》を身につけていくことができるのです。

それは、空手道を極めようとする者が、何年も道場に通って型を修めつつ、師範の思想を発見し体得していくプロセスとどこか似ています。

「デザイン思考を使っても、そうそう革新的なアイデアなど生まれない」という批判を聞くことがありますが、それは型のみに着目して、何のためにという根幹の部分を切り離してしまっているからかもしれません。

いい換えれば、デザイン思考とは、思いがけない発想ができるようになるためのトレーニングの場、発想法を身につけるための「道場」だと捉えるのがよいでしょう。

そもそも、発想や発見というプロセスは直線的には進行しません。常に行ったり来たりする有機的なプロセスであり、抽象化と具体化、分析と統合、仮説と検証といった、相反する活動を繰り返しながら、少しずつ解を見つけ出していくしかないのです。

デザイン思考の「型」

以下では、空手の「型」に当たる、デザイン思考の具体的な手順をご紹介しましょう。基本的には、「何かを作ってみる」というワークになります。

ある与えられた状況の中で、「何を作るべきか」を自分たちで発見し、「どのように作るか」を模索しながら、実際にそれを作る、ものづくりのプロセスを体験します。個人で試してみたり、ペアで行ってみることも可能ですが、デザインする人の思い込みや独りよがりを避けるためにも、多様性の高いチームで協働し、多くの気づきにつなげることが大切です。

デザイン思考のワークショップなどではおなじみですが、だいたい次のような手順を踏みます。

まず、社会問題や、誰かが解決を望んでいるテーマなど、何か一つ課題が与えられます。最初にその課題の当事者として想定される人たち（ユーザー）を対象に、インタビューや観察などの調査を行います。次に、調査で得られた情報をもとに、なるべく斬新な切り

図表4-2　デザイン思考の五つのフェーズ

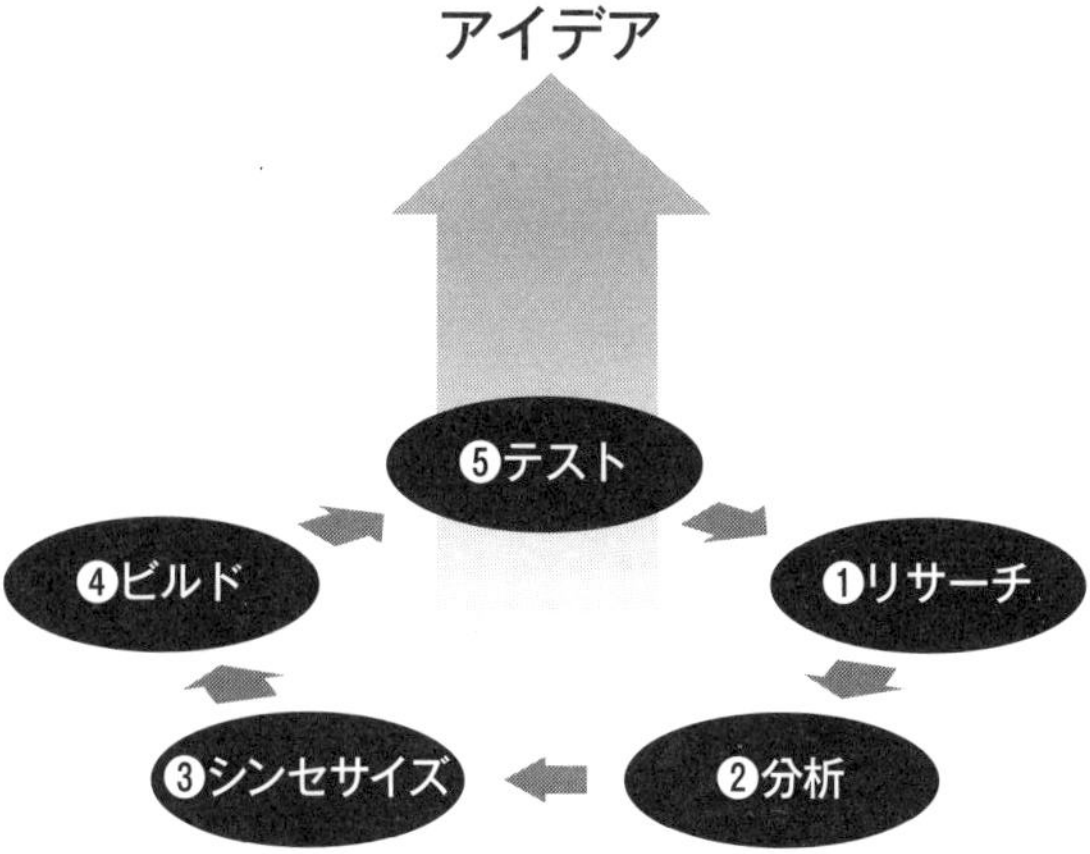

口で課題の解決案を提案します。そして、そのアイデアを実際に、製品のプロトタイプ（原型）として具現化します。プロトタイプができたら、それをユーザーに見せて実際に試してもらい、そこからフィードバックをもらって改良につなげる、という具合です。

デザイン思考の型としては、スタンフォード大学のd.schoolが提唱する「五つのステップ」がよく知られています。共感する(empathize)、定義する(define)、アイデアを出す(ideate)、プロトタイプにする(prototype)、テストする(test)を基本型にするモデルです。

その他ＩＤＥＯが掲げる、情報を集め

る(inspire)、発想する(ideate)、形にする(implement)というモデルや、佐宗邦威の「四つのモード」（旅人、ジャーナリスト、編集者、クラフトマン）などがあります。

本書では、著者たちが実際にトレーニングを受けたスタンフォード大学とヌエバ・スクールのモデルに基づいて、デザイン思考のプロセスを「リサーチ」「分析」「シンセサイズ」「ビルド」「テスト」という五つのフェーズに分けてご紹介します。

①リサーチ

まずは、「リサーチ」です。デザイン思考においては、「人間が本当に必要としているもの」を見極めることが重要です。人間（ユーザー）の必要としているもの（ニーズ）を見つけ出すことが、「何を作るべきか」の核の部分になります。いい換えれば「なぜ」に答えて発想するためのインスピレーションを得るフェーズです。

デザイン思考におけるリサーチの目的は、ユーザーからデザインの洞察につながるストーリー性を引き出すことです。それまでの経緯や他者との関係性など、相手を取り巻く情報を文脈（コンテクスト）の中で捉えることが重要です。

そのためには、ユーザーが普段どのような生活をしていて、何を感じ、何を思っているのか、あらゆる情報を総動員する必要があります。ユーザー本人や関係者から話を聞いたり、その周辺を観察したりすることで情報を収集します。

インタビューでは、相手が発する言葉にしっかりと耳を傾け、鍵となる情報を漏らさないようにアンテナを張ります。ユーザーが、ある状況をどう捉えてどんな風に表現したか、そのときにどんな態度をとったかといった、質的な側面にも気を配りながら、エンパシーを使って対話を続けることが大切です。相手のちょっとした仕草や表情に、何か引っかかる感じがあればそれを見逃さないように気をつけます。

興味深いことや意外なことがあれば、「なぜそういったのか」という疑問を切り口にして、できる限り掘り下げます。サーベイ調査のように質問事項をリストにして、それに対する答えをイエスかノーかでチェックしていくのではなく、できるだけ会話が広がりを見せるように、相手に寄りそって話を聞きます。

リサーチ・フェーズでもう一つ大切なツールが「観察」です。対象者の自然な様子から気づきを得たいときに、意図的な介入をせずに行動や仕草をさりげなく観察します。相手の了承を得て対象者の身近で観察を行う「シャドーイング」という方法もあります。

ときには自分もユーザーと同じ活動に参加して、現場の雰囲気をじかに感じ取ったり、問題意識を共有したりします。そうすることで、状況を内側から観察してエンパシーを高めるトレーニングにもなり、貴重な視点や情報収集につながることもあります。

その他、「フォーカス・グループ」「ライフヒストリー」「参与観察」など、社会科学者や文化人類学者たちが用いる方法論が大活躍します。数値化することができない質的なデータを集めるためのこうしたメソッドは、「定性的研究方法論」と呼ばれています。

リサーチで集める情報は、すべてが貴重なデータです。細かくメモにとり、可能であれば画像や動画として記録に残します。ときには「触れる」「嗅ぐ」「味わう」などの感覚も総動員して、相手を取り巻く環境について、できる限り多くの情報を収集します。

現場に赴き、ときには観察対象と居住食をともにして情報を収集する手法は「エスノグラフィー」と呼ばれます。調査する側のバイアス（偏見）や思い込みを取り払って、相手の言動や思いを分厚く描写し、暗黙知の裏にある社会や組織の文化を浮かび上がらせるというメソッドです。元来研究者のツールだったエスノグラフィーは、近年、ビジネス領域でも注目を浴びています。

デザイン・コンサルティング企業のＩＤＥＯでは、文化人類学を学んだ人材を積極的に活用しているといいます。ユーザーが抱えている課題や、社会構造の歪《ゆが》みをあぶり出すことで、潜在的なニーズをつかむために有効な手段と考えられるからです。

②分析

次に、リサーチで得た情報を「分析」していきます。

この段階でも、まだ「人間が本当に必要としているもの」は見えていません。解決すべき課題も、課題を取り巻く本質的な問題点も、方向性も決まっていません。分析の段階では、むしろそれでいいのです。いわば「混沌」とした状態であることが特徴です。

分析は、「なぜ」(why)を問う科学的思考だといえます。日常を生きる人たちは、自明性の中で生活しています。人間の何気ない仕草や発言の中には、本人たち自身が気づいていない動機や問題意識が含まれています。

たとえ自発的にとった行動でも、「なぜそうしたのか」を本人も答えられない、ということはよくあります。それを、第三者の視点で問い直すことで、発想のための情報を取り出すことができます。ユーザーが発した言葉に対して、「なぜ、そう思ったんだろう」という問いかけから始め、そこにいたるまでの経緯に思いを馳せつつ、さらに発想を少し飛躍させて、「だとすれば、こういうことだろうか」と、想像力を使って仮説を生んでいきます。目的は、ユーザーを取り巻く状況や環境に潜む問題点や可能性を見いだすことです。

「分析」は、対象を全体像から構成要素に「分解」するプロセスだといえます。デザイン思考の材料となるデータはできるだけ多い方がよいので、リサーチで得られた情報をほぐして、広範囲に広げてやります。とはいえ、単にデータをバラバラに分解するだけではなく、情報を関連づけたり体系立てたりと「マッピング」していくとよいでしょう。

このフェーズで、よく使われているツールを一つご紹介しましょう。「エンパシー・マップ」(empathy map)と呼ばれるマトリックスです。ここでは、d.schoolやIDEOで使われている枠組みをご紹介します(図表4-3)。

まずは「SAY/DO」の欄に、ユーザーがいったことや、やっていることを書き出します。「ジャズが大好き」「土曜日は月に2回夫婦で出かけている」「25年間同じ企業に勤めてきた」といった発言や、「予定をチェックするのにノート型のカレンダーを使っていた」「しきりに手元の時計で時間を気にしていた」といった情報が、このカテゴリーに入ります。

次にその人が目にしたり、聞いたりしていることを、それぞれに「SEE」「HEAR」の欄にメモしていきます。「入院している母親の病室の外に柿の木があって……」と

図表4-3　エンパシー・マップ

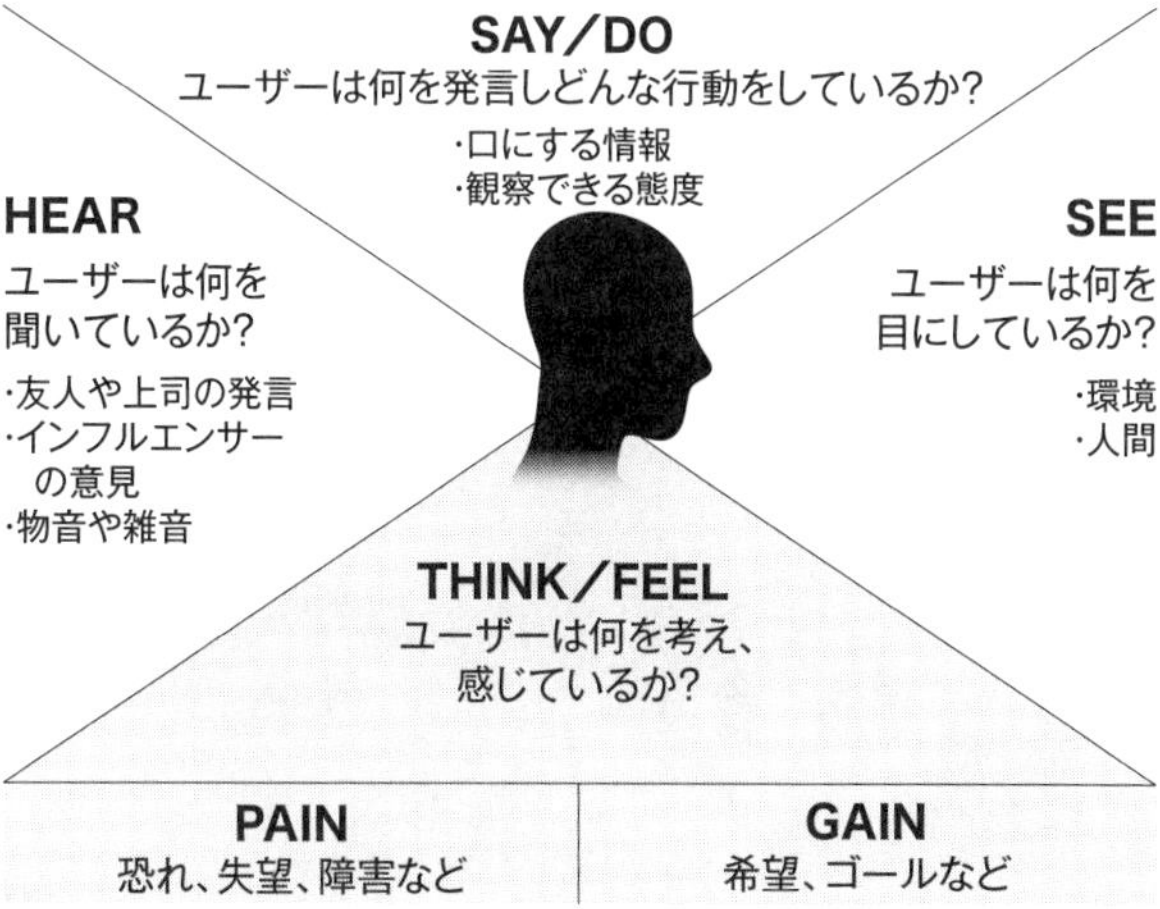

いう発言からは、ユーザーが、病室にいる母親や柿の木を見ていることがわかります。インタビューの最中に、ユーザーが職場の他の同僚がランチに出ていく様子を目で追っていたなら、それも「SEE」に入ります。

「隣の部屋で電話が鳴りっぱなしだった」という観察メモや、「実家が小学校の裏手で毎朝ラジオ体操の音楽が聞こえてくる」といった発言は「HEAR」に入ります。

ここまでは、ユーザーや観察者がそれを「どう感じているか」という感情の部分は抜きにして、事実情報のみを書き込みます。

次に「孫に会えなくて寂しい」「売り込み電話が多くてイライラする」「人に対しての気配りを忘れないのは重要だと思う」など、感情や価値観が反映されている発言は、直接「THINK／FEEL」のカテゴリーに入れても構いません。さらに本人が口にした発言だけでなく、「SAY／DO」「SEE」「HEAR」にリスト化した情報をもとにして、状況や文脈をふまえて、その人の考え方や感じ方などを推測して加えていきます。

これは、インタビューや観察で得た情報をもとに、洞察（インサイト）や仮説を生み出していく作業です。図表4－3の白い部分（SAY／DO、SEE、HEAR）には、集めた情報が入り、色のついた部分（THINK／FEEL、PAIN、GAIN）には、それをもとに生み出した洞察や仮説が入ります。

相手が口にした言葉の奥にある動機づけが見えてくることもあり、本人も気づいていない要因（潜在的ニーズ）をあぶり出すのに有効です。

共通項のある情報をまとめて、仮説をさらに整理したいときに、下段の欄を使います。ここでは人間の感情を「PAIN」（恐れ、失望、障害など）と「GAIN」（こうしたいという希望、目標、欲求など）に分けてあります。それまでの経緯や、他人や組織との関係性なども情報として少しずつ体系化していくことで、ユーザーを取り巻くコンテクスト（文脈）に関して、一つでも多くの気づきを得ることが可能になります。

エンパシー・マップは、紙に印刷して個人でアイデアを出したり、チームで共同作業する際に使ったりします。ホワイトボードや大きな模造紙を用いて作業することもできます。アイデアは、ボードや紙に直接書き込むこともできますが、糊付きの付箋に書き込んで貼り付けると、後で「これってSAY／DOよりTHINK／FEELじゃない？」などと話し合いながら、分類のカテゴリーを自由に移動させられて便利です。

リサーチで得たデータをマップに書き込み、空いているスペースに当てはまる情報を想像、類推しながら書き込んでいくことで、思考がどんどん拡散していきます。チームで書き出し整理していくことによって、相手が口にした言葉の奥にある動機づけが見えやすくなり、分析作業にはたいへん有効です。

その他にも、リサーチの結果を整理する方法として、集めたデータをもとに具体的な人物像を作り上げていく「ペルソナ」があります。特定の対象者や複数の人物を1人のキャラクターとして設定しユーザーを具体化するメソッドで、誰のために作るのか、という焦点を定める際に有効です。

③シンセサイズ

「分析」することで得た気づき（仮説）を用いて、ユーザー本人がまだ自覚していない潜在的なニーズを浮き彫りにしていくのが、「シンセサイズ」（統合）です。

人間が本当に必要としているものの発見に向けて、情報を統合していく段階です。

シンセサイズは、デザイン思考の肝の部分であり、最も難解なフェーズでもあります。クリエイティビティが求められ、右脳的な思考が活躍する作業です。

「人間が本当に必要としているもの」を見つけるためには、本当の問題がどこにあるのか、あたりをつけなくてはいけません。そのために、「着眼点」や「切り口」（英語では"Point of View"、頭文字を取って「ＰＯＶ」と呼ばれています）を設定します。

ＰＯＶを見つける作業は簡単ではありませんが、いくつかコツがあります。

もし、何度も繰り返し登場したテーマや語彙《ごい》などがあれば、そこを出発点にするのがいいでしょう。それをもとに、「ユーザーが発した言葉の奥にある意味世界は？」「ユーザーの経験知から推測できる感情は？」と、効果的な問いかけをチームで繰り返していきます。

第3章で、本書で取り上げるイノベーションとは、従来のものとは本質的に異なる非連続な融合だと述べました。画期的なイノベーションを生み出すためには、ユーザー本人も気づいていない要因をあぶり出して、潜在的なニーズを見いだすことが必要です。

そのためには本人が無意識に繰り返すキーワードを拾うだけでなく、「観察者の違和感」を使うことが重要でしょう。当事者は気づかないけれど、第三者の視点からするとどうもしっくりこないという感覚です。

そのため、「分析」のフェーズで出てきたデータの中から、「対立するもの」「矛盾するもの」「意外なもの」を探すこともヒントになります。

これは質的調査を行う研究者たちが用いるメソッドでもあります。ユーザーの言動に矛盾や葛藤が見られたり、意外に思えた点をえぐり出していくと、よい切り口が見つかることがあります。不自然に歪んだ情報には、解決すべき課題が潜んでいる可能性があるのです。

いくつかのPOVが浮かび上がってきたら、その中で最も深い洞察を必要としたものを選びます。それを軸にして、「ユーザーが本当に必要としているもの」をあらためて定義します。

徹底的にユーザーの立場に立って、どうしたら状況が改善されるだろう、どうしたらその人を幸福にできるだろうと、問題解決に向けた課題の定義づけを行うのです。

東京工業大学のエンジニアリングデザインプロジェクトでは、POVを構築する際に、より斬新な切り口を発見する方法として、洞察の中から「タテマエ」の部分を抜き出して考えるメソッドを用いているそうです。

ニーズが浮かび上がった時点で、よく使われるのが"How Might We"（私たちはどうやって）というフレーズです。

例えばPOVが「1人でいると寂しいけれど、家族と暮らすのは煩わしい」だったとしたら、「私たちはどうやって、寂しさと煩わしさというユーザーの矛盾した感情を解決できるだろう」という文章に当てはめることで、次のステップにつながる考えをまとめていくのです。

課題が決まったら、解決案を出していきます。ここでは再び「分析」のフェーズと同じく、情報を拡散させるモードに入ります。

ユーザーのニーズを満たすために思いついたアイデアを付箋に書き込み、白板や壁に貼り付けてチームで共有します。どんなアイデアでも大歓迎の、スピード勝負です。あまり深く考えずに、単語やデッサンなどで、どんどん発想していきます。数分もすれば、色とりどりの付箋で壁が埋め尽くされていきます。

ここで重要なのは「質より量」です。ちなみに、これはアートやデザインのクラスでも重視されるポイントです。質の高いアート作品は、数知れないデッサンから生まれているのです。

デザイン思考のワークショップに参加すると、制限時間が非常に短いことに驚きます。インストラクターが分刻みで次のステップに進むように急かすため、初体験の人たちはたいてい戸惑います。実はこれは、よいアイデアをうながすためでもあるのです。じっくり考えすぎると、常識や前提が思考を縛るため、「規格外」のアイデアが出にくくなるのです。

続いて、大量に出てきたアイデアの収斂《しゅうれん》作業に入ります。

壁に貼り付けられた付箋（アイデア）の中から、「実現可能なもの」「これまでなかったもの」「ありえないもの」「ワクワクするもの」といったテーマで、それぞれ選んでみます。さらにチームで投票や話し合いを行って、最終アイデアを一つに絞っていくのです。

ＩＤＥＯは「人間にとっての有用」（Desirability）「技術的な実現性」（Feasibility）「経済的な実現性」（Viability）という三つの要素が融合される接点にイノベーションの解があるとしています。このうち人間にとっての有用性とは「何のために作るのか」というwhy

を考えることに当たります。新しいヒューマニストであるSTEAM人材たちの活動は、常に「なぜ作りたいのか」に焦点が当たっているということは、第2章で述べた通りです。

インタビューや観察を重ねてユーザーのニーズをすくい上げ、その人のために何かを作るデザイン思考というメソッドは、この有用性を保証するためのツールであるといえます。

④ビルド

ビルドのフェーズでは、いよいよ、チームで絞ったアイデアをプロトタイプ（原型）にしていきます。

プロトタイプとは、アイデアを最終製品にするために、チーム内やユーザーからのフィードバックを得るための試作品のことです。３Dの模型、絵や漫画、実物大モデルなど、様々な形がありえます。

アイデアの本質を伝えることが目的なので、最低限必要な機能だけを、簡略的に形にします。ここでも時間をかけないことが鍵となります。

第3章で「ひとまずやってみる」（give it a try）ことが大切だと述べました。デザイン思考では、そのために、頭ではなく手を使う作業を重視します。紺野登は、固定観念から

プロトタイプ作りの様子

解放されるにはまず手を動かすことだと述べています。

スタンフォードのd.schoolには、音符のない楽曲『4分33秒』など異色の構想で知られる作曲家ジョン・ケージの"Nothing is a mistake. There's no win and no fail, there is only make."（間違いなんてない。そこには勝ち負けもない。ただひたすら、作るのみ）という言葉が書かれた幕が、中央アトリウムにかけられています。

プロトタイプはあくまで通過点です。変更を加えるために作る「たたき台」なので、下手に時間をかけて愛着が湧くと、発想がそこで止まったり縛られたりして逆効果です。とにかく手を動かして作業してみるという行為自体が大切なのです。これもまた、アートやデザインといった領域から援用されたメソッドだといえます。

デザイン思考のワークショップを行うと、子供でも大人でも同じように、参加者の瞳が輝き出すのが、この「ビルド」の作業です。皆、まるで遊具を与えられた幼稚園児のように生き生きとします。

とにかく手を動かしながらアイデアを練り、作りながら考えます。STEM領域にアートやデザインを加えて、ものづくりや発想のプロセスを活性化させようという、STEAMの重要性がここにあります。

⑤テスト

プロトタイプができ上がったら、ユーザーに見せてテストします。目的は、ユーザーが本当に必要としているニーズを引き出す洞察につながるフィードバックをもらうことです。

あえて「正しい使い方」は解説せずに、ユーザーがどんな風に手に取り（もし手に取れる場合は）、どんな風に試してみるのかを観察するのも効果的です。ユーザーが口にする感想だけでなく、どんな表情で試していたか、持ちにくそうではないかなど、細かい点にも気をつけます。

ユーザーフィードバックは貴重なデータです。どこが気に入ったのかというポイントに加えて、できる限り辛口のコメントをもらうことが大切でしょう。

著者たちが行ったワークショップで、こんなことがありました。中学生のチームが、イヤフォンのプロトタイプを作って、ユーザーである高齢者の方からフィードバックをもらいました。

彼は、申し訳なさそうな表情をしながら「でも、僕はイヤフォンを使わないんだ」とつぶやきました。そのコメントに、チームはとてもショックを受けましたが、大切な気づきをもらうことになりました。たとえどんなにクールなテクノロジー（プロトタイプ）であっても、「有用性」（Desirability）を欠いていれば意味がないのです。

フィードバックとユーザー観察をもとに、チームで気づきを話し合い、さらにプロトタイプの改良を続けます。ここでも議論自体よりも、手を使って変えていく作業に重点をおくようにします。高齢者の生活やニーズに立ち返った中学生のチームは、結局、全く異なるプロトタイプを生み出しました。大切なのはユーザーに試してもらえるように、とにかく作ってみることなのです。

興味深い実験があります。数人1組のチームに制限時間を設け、乾麺のスパゲティ数本と紐紐を使って、てっぺんにマシュマロを一つ乗せることができるタワーを作ってもらいます。「マシュマロ・チャレンジ」などと呼ばれているゲームです。

MBA（経営学修士）を取得したようなエリートビジネスマンのチームは、往々にして失敗するそうです。というのも、ビジネススクールのクラスや経営者としての経験から、状況を多角的に分析し、最適解を見いだす術を学んだ経営者たちは、与えられた時間の多くを戦略作りに費やす傾向があるからです。制限時間のギリギリまで、マシュマロを「とりあえず乗せてみる」ことをしないことが、結局命取りとなるのです。

マシュマロ1個の重さなどたかが知れていると思うかもしれませんが、スパゲティの強度や紐での固定は想像以上に頼りなく、最後の最後で崩れてしまいます。これは実際にやってみないとなかなかわからないことです。

一方で、幼稚園児たちのチームに同じゲームをやらせてみると、幾度も試しにマシュマロを乗せてみては、こうじゃないああじゃないと「実験」しながら、新しいモデルを作り続けるそうです。結果的に、制限時間内にタワーを完成させることができます。とりあえず手を動かしてプロトタイプを作り、幾度も失敗しながら改良していくことの大切さを物語っているエピソードでしょう。

デザイン思考的なアプローチは、シリコンバレーのものづくりの現場にも浸透しています。最初に開発の全工程を設計して、完全な最終製品を出荷していた時代から、開発の段階をいくつかに小分けし、小単位で実装とテストを繰り返すアジャイル（素早い）と呼ばれる生産のモデルが広がっています。

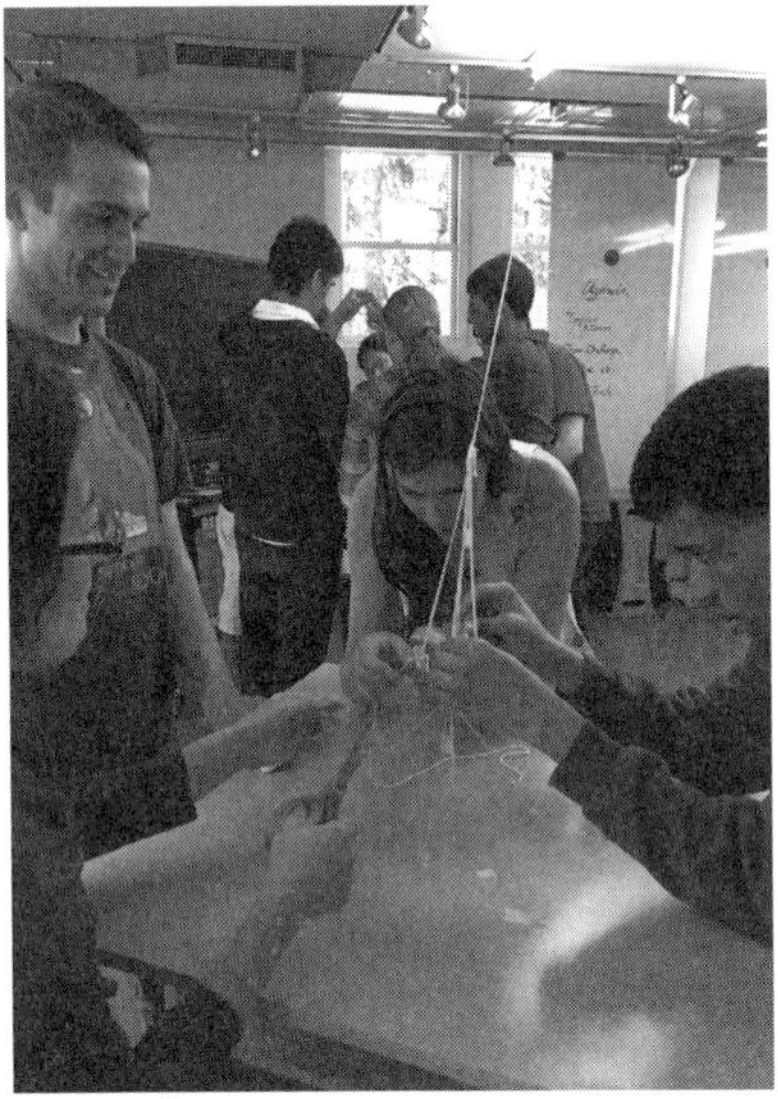
マシュマロチャレンジ

「完全」な商品になるまで待つのではなく、出荷後の不具合はソフトウェアのアップデートで補完するカルチャー、いい換えれば「不完全を許容する文化」が現在のシリコンバレーには浸透しているといわれています。これこそが、プロトタイプを重視するデザイナー手法の根幹にある思想です。

図表4-4　拡散と収束

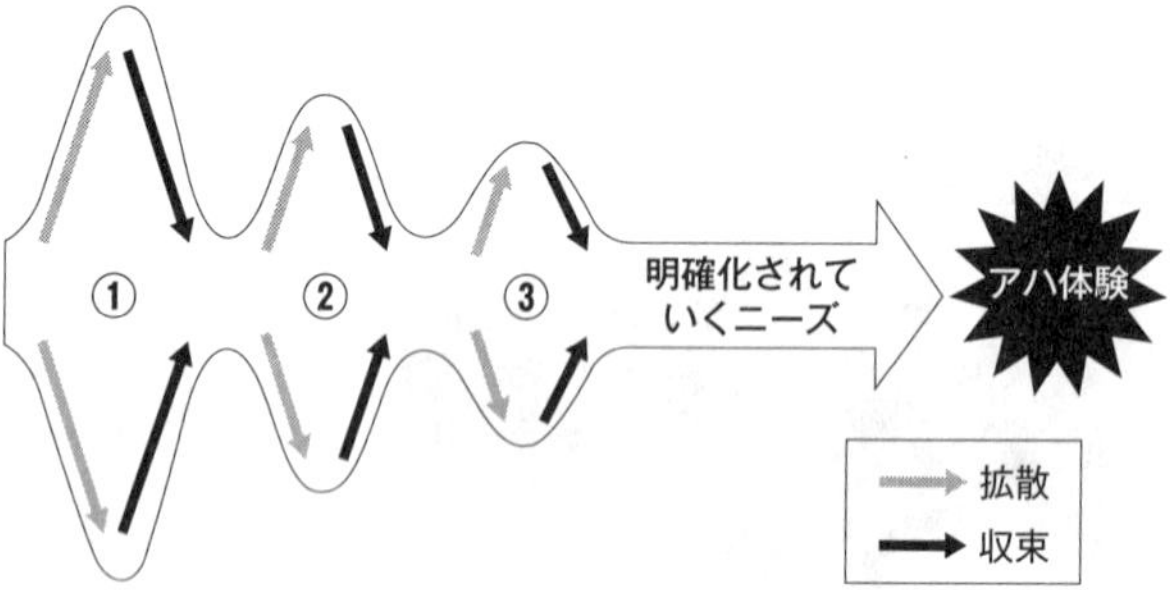

非連続で有機的なプロセス

デザイン思考のプロセスは、以上の五つのフェーズを常に行ったり来たりします。

図表4－4を見てください。様々な方向に向かってアイデアをなるべく遠くに飛躍させる拡散的な作業と、一つの焦点に向かって収束させていく作業とが、相互に繰り返されると、このように波打つような一連のムーブメントになります。

分析と統合、抽象と具体、混沌と構造、仮説と検証。相反する二つの側面が有機的に絡まる中で、①→②→③と、少しずつアイデアはまとまっていきます。このような「発見」的なプロセスを経て、人間の心の奥深くにあるニーズを明らかにしていきます。こうして課題に解決策を見つけていくのが、デザイン思考と呼ばれるメソッドです。

集めた情報を演繹《えんえき》的に推論し、ステップを踏んで結論に達する直線型の分析プロセスとは、本質が大きく異なります。課題の切り口も、そこにいたるまでのアプローチも定義されていない中で、チームで解決の糸口を探り、最終的に一つの解（プロトタイプや最終製品）につなげていくプロセスは、試行錯誤の連続であり、とても混沌としたものです。

著者たちも、d.schoolやヌエバ・スクールなどのセッションに幾度も参加しましたが、その度に、新たなカオスの中に放り込まれたような感覚に陥って、躊躇《ちゅうちょ》しました。ファシリテーターに助けを求めても、肩をすくめて「大丈夫、それでいいんだ」というなずくばかりです。ラリー・ライファーの言葉を借りれば「曖昧さとうまく付き合うしなやかさを持ちなさい」（Dance with Ambiguity）ということなのでしょう。

イノベーションとは、これまでになかった新たな結合であり、不確実で曖昧で混沌としたプロセスから生まれるということを象徴的に表しているといえます。

論理的な展開がもたらす帰結の代わりに、デザイン思考を実践する人々が到達するのは「アハ体験」（Aha Moment）といわれています。ドイツの心理学者カール・ビューラー（Karl Bühler）が提唱した心理学上の概念ですが、今までわからなかったことが急にわかったときや、気づきやひらめきの瞬間のことを指して使われます。

前提をあぶり出してクエスチョンし、突拍子もない規格外のアイデアを出し合って、ダメ出しを繰り返しつつ試行錯誤するプロセスは、理論的ではなくまさに直感的なものです。

それらすべての感覚的な体験が焦点を結ぶとき、それまでは霧に包まれていたような感覚が晴れて、ストンと腑《ふ》に落ちる感じがするのです。自分たちがユーザーに何を届けたいのかという焦点がはっきりします。そのあとは最終プロダクトに向けて、「じゃ、どうしたらいいか」という道筋が急に見えてくるのです。

ちなみに1970年代以降の製造業を対象に技術開発のパターンを分析した児玉文雄は、企業は仮想的な市場を想定して「分解」(divide)と「統合」(joint)の相互作用の中で、潜在的な需要を汲《く》み取って明確化することが重要だとして、これを「需要表現」(demand articulation)と呼んでいます。ユーザー本人が気づいていない潜在的なニーズをすくい上げるという点で、デザイン思考との関連性が指摘されるコンセプトといえるかもしれません。とはいえデザイン思考の特徴は、ニーズをすくい上げるプロセスで人間(ユーザー)へのエンパシーが極めて重要視される点です。

「たった1人のユーザーのためによいものを生み出しても、市場で売れなければビジネスにはならないのでは」と不思議に思われる読者もいるかもしれません。しかしデザイン思考では、徹底的にユーザーの視点に立って生み出した「何かよいもの」は多くの人々にとってもよいものである可能性を秘めており、市場汎用性のあるイノベーションにつながる可能性があると考えられているのです。

繰り返しますが、デザイン思考は「型」を覚えて、それに従いさえすれば独創的なアイデアがすぐに生まれるというものではありません。空手を習得するのに何年も道場に通うように、ご紹介したポイントを参考に「とにかく何かを作ってみる」というプロセスを、幾度も繰り返すことが必要なのです。デザイン思考を一人で実践してみて、毎日の生活の中で役立てることも可能でしょう。とはいえ、ものづくりのプロセスでは人と協働し、チーム作業を通して多様な視点を取り込むことが極めて大切です。機会があればデザイン思考のワークショップに参加してみることをお勧めします。

バウハウスの設立理念——デザイン思考の源流

ここからは少し歴史を振り返り、デザイン思考が生まれた背景をひもといてみましょう。

デザイン思考の歴史を顧みることは、ひいてはＳＴＥＡＭの未来を見定めることにつながると考えられるからです。

現在のデザイン思考につながる思想は、第一次世界大戦後にドイツ中部のワイマール共和国に設立された美術学校「バウハウス」(Bauhaus)に端を発するとされています。

バウハウスでは、「芸術・生活・産業の統合」を掲げて、工芸・写真・デザイン・美術・建築など、多様な分野で総合的な教育が行われました。

美的感覚を追求する芸術（アート）と、機能を重視した工学（エンジニアリング）を融合させたバウハウスの理念は、20世紀の芸術・建築・デザインの世界に大きな影響を及ぼしました。まさにＳＴＥＡＭの先駆けであるともいえます。

18世紀後半に始まった産業革命は、生産力を飛躍的に向上させて人間の生活を一変させました。科学や技術の発展が優先されて、理性や合理性を何より重視する時代が到来します。しかしその結果、伝統的な手工業に機械が取って代わり、質の悪い製品が大量に生産されました。さらに、理性的な存在であるはずの人間が、かつてない大量の犠牲を生んだ第一次世界大戦を引き起こします。

バウハウスが生まれた背景には、「理性第一」の合理主義を見直し、人間の在り方、生活の在り方を問い直して、社会性や倫理性を追求しようとする姿勢があったのです。

『バウハウスとはなにか』（阿部出版）の著者である阿部祐太は、バウハウスを、近代合理主義に対するアンチテーゼとして生まれた「社会改革運動」だったと位置づけています。

バウハウスは、異質な人材やアイデアが協働する「多様性」を極めた空間でした。あらゆる国籍、人種、宗教、性別、年齢の人々が、学生として受け入れられたといいます。教員もドイツ人に限らず、ロシア、スイス、東欧諸国から第一線で活躍する芸術家が登用されました。抽象絵画の創始者として知られるロシア出身のワシリー・カンディンスキー（Wassily Kandinsky）をはじめ、最高レベルの知識と技術を持つエキスパートたちが集められました。色彩、形、空間、素材などについて、理論と実践を合わせた一流のデザイン教育が行われたのです。

バウハウスの設立に欠かせなかったのが、20世紀を代表するドイツの建築家で、のちに学長となったヴァルター・グロピウス（Walter Gropius）の存在です。

工科大学を中退し、現場で建築を学んだグロピウスは、身体の不調のせいで思うように製図作業ができず、たいへん苦労します。自分1人の力では、建築家としてのキャリアは築けない。常に他者とチームを組んで作業する必要を感じていたグロピウスは、早くからコラボレーションの重要性を認識していました。

幼いときに好きな色をきかれ「虹色」と答えた、という逸話は彼の性格を象徴しています。ともすれば排他的になりがちだった時代に、多様性を重んじる文化を実現しようとしたそのフィロソフィーは、異質な人々が協働する場だったバウハウスの設立理念に流れこんでいます。

常に社会問題と真剣に取り組み、哲学者、教育者そしてヒューマニストでもあったグロピウスが大切にしたのは、人間を重んじて他者の視点に共鳴しようとする、エンパシーの心でした。グロピウスもまた、STEAM人材だったのです。

1919年に国立学校として設立されたバウハウスは、1933年にナチスが政権を獲得すると同時に、閉鎖を余儀なくされます。政治への関与を否定し、多様な価値観やアイデンティティを認める理念を推進しようとしたために、「一つの国家・一つの民族」を標榜したナチスによって敵視され、弾圧されたのです。

閉校後に続々とドイツを離れ、世界に散らばっていった教授陣の努力で、バウハウスの理念は広く普及することになります。リーダーシップをとっていた多くのマイスターたちがアメリカに亡命しました。

視覚造形作家のラースロー・モホリ＝ナジ（László Moholy-Nagy）によって、シカゴに「ニュー・バウハウス」が設立され、その理念はのちに、現イリノイ工科大学（ＩＩＴ）のデザイン大学院（Institute of Design）へとつながっていきました。ＩＩＴは、建築家のルードヴィッヒ・ミース・ファン・デル・ローエ（Ludwig Mies van der Rohe）を建築学部長として迎えています。

ハーバード大学建築学科の教授になったグロピウスもまた、バウハウスの理念の浸透に貢献しました。パリのルーブル美術館のガラスピラミッドの設計者として世界的に知られるイオ・ミン・ペイ（Ieoh Ming Pei）はグロピウスの教え子です。

こうして、人間を大切にする社会を目指したバウハウスの思想は、戦後のアメリカで「デザイン思考」へと発展していく流れを作りました。アートとテクノロジーを融合させて「人間中心のデザイン」を謳《うた》ったその理念は、スタンフォード大学d.schoolや、ＩＤＥＯなど、シリコンバレーの機関にも受け継がれています。

デザインの未来に不可欠なのはインクルージョン

バウハウスから現在のデザイン思考へと受け継がれた理念の中で、おそらく今後重要な役割を果たすキーワードが、「多様性」と「インクルージョン」（受容）だと考えられます。インクルージョンとは、受け入れて取り込んでいく、という態度を示しています。高い能力を持った同質の人材からなるチームよりも、たとえ個々人の能力は平均的でも異質な人材が集まるチームの方が、より高いパフォーマンスを示すという仮説が考えられます。

というのも、同質の知識を持った人材ばかりではアイデアに限界があるからです。日本の大手電機メーカーを対象に、開発チームの独創性を分析した研究においても、「多様な知識・考え方」を有するチームが、よりクリエイティブであることが定量的に実証されています。

皆さんも、異なる考え方を持った人と話すことにより、いろいろな発想が出た、あるいは、考え方が整理されたという経験があるのではないでしょうか。

ＩＤＥＯのパートナーであるトム・ケリーは、イノベーションにおける多様性の大切さを強調しています。著書『イノベーションの達人!』（鈴木主税訳、早川書房）の中で、イノベーションを生み出すためには「情報収集をするキャラクター」（人類学者・実験者・花粉の運び手など）、「土台をつくるキャラクター」（ハードル選手・コラボレーター・監督など）、「イノベーションを実現するキャラクター」（経験デザイナー・舞台装置家・介護人・語り部など）といった、多種多様なメンバーが必要だとしています。

また、NHK教育テレビの「スタンフォード白熱教室」で知られる、起業家で教育者のティナ・シーリグ（Tina Seelig）は、多様性とコラボレーションがイノベーションの前提条件であると論じています。

同様の分析は、技術経営や教育、イノベーション研究といった多様な領域で示されています。異質性の高いグループではメンバーが客観的事実を重視する傾向にあるため、チームとしてより合理性の高い判断が可能となってイノベーションにつながるという議論には、説得力があります。異質な人材同士がコレボレーションを重視して、インクルーシブな（受容性の高い）組織文化を育めた場合、そのチームから生まれるアイデアは、社会的にもインパクトの高い商品の開発を生んでいることが、多くの研究によって実証されています。

その理由からシリコンバレーでは、発想力を高めるチーム作りにおいて、多様性がとても大切にされています。専門領域の異なる人材でチームを形成し、豊富なコミュニケーションを促して、イノベーションを誘発しようというわけです。

第3章に登場したスタンフォード大学の医工連携プログラム「バイオデザイン」は、その実践例だといえます。

既存研究のレビューが得意な「リサーチャー」（例えば、工学系領域の博士）、臨床現場の知識を持つ「クリニシャン」（医学博士）、プロジェクトの進み具合をマネジメントする「オーガナイザー」（MBA）、プロトタイプ作りが得意な「ビルダー」（エンジニア）といった四つの人材像を「イノベーションに必要なパーソナリティ」と考え、それぞれのプロフィールに合う人材をフェローとしてバランスよく選抜します。そして、これら異なる4人の専門家でチームを組ませ、互いの多様性から学ばせて、インクルーシブな発想ができる人材の育成を試みているのです。

このインクルージョンについては、第6章の最後でさらに掘り下げることにします。まずその前に、STEAM人材の育成と21世紀型教育のあり方について、次章で詳しく見てみたいと思います。

第5章
シリコンバレーの教育最新レポート

21世紀スキルを育てる教育のあり方とは

戦後の日本は、工業立国を目指し、ものづくりに資本や人材を集中させて、見事に経済復興を成し遂げました。高度経済成長期を支えるため、学校教育に求められていたのは、政府が定める「学習指導要領」に基づいて、学習者が基礎知識をきっちりと修得していくシステムでした。従来の学校で行われてきたこのような教育は、「系統学習型」と呼ばれています。

しかし、日本が世界でも有数の科学技術国となった21世紀、環境は激しく変化していきます。現代は、高度な知的労働が重要な役割を担うようになった「知識集約型社会」です。私たちには、大量のデジタル情報を効率良くマネジメントするスキルだけでなく、何よりも、自由に発想し、「前例のない問題」に創意工夫で解を見いだす能力が求められています。

学校教育にも、新しいパラダイムが求められています。系統学習型ではなく、生徒が主体となって積極的に問題解決をし、必ずしも明瞭な解答の出ない状況にも対応するための学習トレーニングが必要とされています。斬新な解決案や多様なオプションを考える力を伸ばし、実社会に出る即戦力を育てることが目指されているのです。それに応えるのが、STEMからSTEAMへの流れであり、その根底にある新しいヒューマニズムだといえます。

OECDなどの国際機関や様々な教育機関が、「何を学ぶか」「どう学ぶか」「何を大切にするか」という観点から、新しい形の教育を提唱しています。

全米教育協会（NEA）は、21世紀に求められるのは、課題を様々な角度からを多面的に考えることのできる批判的思考力、他者と円滑に協働する力と、そのためのコミュニケーション力、そして独創的なアイデアを生み出す創造性だとしています。これらは、批判的思考（Critical thinking）、コミュニケーション（Communication）、コラボレーション（Collaboration）、クリエイティビティ（Creativity）の「4C」と呼ばれる「21世紀スキル」です。

新しい学びのフレームワーク

では、21世紀スキルの習得を達成し、STEAMを体現できる人材を育成していくには、どのような教育や学びの仕方が効果的なのでしょうか。

『パワフル・ラーニング』（深見俊崇編訳、北大路書房）など、教育研究や教育政策に関する数多くの著書で知られるリンダ・ダーリン・ハモンド（Linda Darling-Hammond）らは、伝統的な系統学習型に代わる新しい学びの形として、次の三つの学習法を挙げています。

①プロジェクト・ベース学習（ＰＢＬ）

プロジェクト・ベース学習は、学習者が少人数のチームを組んで、自ら課題を設定し、リサーチや実践を通して解決していく学習法です。アメリカでは“Project-based Learning”の頭文字を取って「ＰＢＬ」の呼称で普及しており、日本では「総合学習」や「実践学習」などとも呼ばれています。

フランスの心理学者レフ・ヴィゴツキー（Lev Vygotsky）やジャン・ピアジェ（Jean Piaget）、アメリカの哲学者であり教育思想家であったジョン・デューイ（John Dewey）らが築いた教育思想「構成主義」は、世界の教育現場で今もなお効力を持ち続けていますが、ＰＢＬはその理念を実践した教育法です。

ＰＢＬにおいては、選ぶ課題が、現実に即していること、多くの人の興味を誘うテーマであることが重要視されます。学習の主体はあくまで生徒で、教員は、適切な事例の提示や、基本的な解説などの学習支援をするファシリテーターとなります。

学校で学んだ知識を、社会見学や実験で検証し、グループ発表などでアウトプットする一連の流れは、近年注目される「アクティブ・ラーニング」にもつながります。

実際にPBLを用いた授業を受けた学生は、通常の授業を受けた場合に比べて、事実をより正確に理解しており、批判的に思考する力と自信が向上しているという研究結果も出ています。

②プロブレム・ベース学習

プロブレム・ベース学習は、グループに分かれた学習者に、あらかじめケース（課題）を提示し、解決に向けた方法やリソースをチームで意思決定しながら、そのプロセスで、解決にいたる道が一つではないことを学習させる指導法です。

教師は解決法を提示するのではなく、学生がきちんと作業に取り組んでいるか、課題を理解しているかといったことをチェックしながら導くファシリテーターに徹します。

１９８０年代に、ハーバード大学の医学部がこの学習法を取り入れました。10人ほどのチームに分かれた学生に課題や症例を提示し、教師が見守る中で学生が主体となって学習するアプローチを導入したのです。プロブレム・ベース学習で学んだ学生は、問題解決能力が高まり、臨床におけるパフォーマンスも高かったという実証結果も出ています。

以来、アメリカのメディカルスクールでは、講義を受けてノートを取り、試験前にそれを暗記する、という伝統的な学習法から、学生主導型のグループ学習法に移行しています。

③デザイン・ベース学習

デザイン・ベース学習は、学生が持っている既存の知識や発想を、デザイナーが使うメソッドを使ってものづくりにつなげ、そのプロセスから学習する作業を指します。

アイデアをとりあえず形にしてみて、他者からのフィードバックをもとに、より優れた物をデザインして行くことを目的としています。デザイン・ベース学習に参加する学生は、課題を取り巻く要因がどのように機能しているかを明確に説明したり、その知識を応用する力がついたとの結果が報告されています。また、モチベーションが上がったり、デザインを手がけた課題を通して、自らの社会問題に対する意識が向上したという結果も出ています。

ただし、デザイン・ベース学習は時間がかかる点が指摘されています。さらに学習者は方法論だけではなく失敗を恐れずに挑戦するマインドセットの習得が重要だといえます。

これら三つの学習法はどれも、教師が講義を行う「指導型」ではなく、学習者が主体となって、自ら問題解決をする「探求型」の学びです。

その探求のプロセスで、学生は自分で情報を見極めて分析する力、考え抜く力や想像力、チームで効果的にコミュニケーションし協働する力など、まさにOECDが提唱している「4C」を身につけることができるというわけです。

著者たちは、ここで紹介した三つの学習法を第4章で解説した「デザイン思考」（デザイン・シンキング）と統合することで、新しい学びの方法論として体系化できるのではないかと考えています。

STEAM教育の五つの特徴

STEMからSTEAMへとつながる新しいヒューマニズムの考え方を取り入れた教育

の特徴は、従来の系統学習型の教育アプローチと比較することで、より明確になります。ここで、その特徴を次の5点にまとめておきたいと思います。

教育の目的

第一に、新しい教育は何よりもまず、人間の潜在力を伸ばすことを目的にしています。学生たちが、自ら問題を発見・設定し、試行錯誤しながら解決をしていく能動的な学びのモデルです。

知識の習得に重きをおいていた従来の学校教育では、教師があらかじめ準備し設計したステップに合わせて、学生は系統だったカリキュラムを学ぶ指導重視型の学習方法がとられてきました。

新しい教育の現場では、生徒は自活的な学びの中で「発見」をし、自分たちの経験から知識を再構成し発展させることで、体験的に学んでいくカリキュラムが組まれます。目指すのは、科学技術の向上でますます複雑化する社会に、即戦力として役立つ生きた知識や技能を身につけ、現実社会の問題を解決できる実践力を備えた人材なのです。

シリコンバレーの多くの学校では、積極的に起業家教育を導入し、即戦力の育成を行っています。生活の中から課題を見つけて自分たちの手で商品開発につなげていくプロセスで、学生たちはチームワークとリーダーシップ、プロダクト・デザイン、限られた時間で生産性を上げるタイムマネジメント力、マーケティングに関する知識やプレゼン力などの生きたスキルを身につけます。

教科の関係

第二に、新しい教育は、複数の領域を融合し俯瞰して考えようとする、メタレベルの教育アプローチです。

違う科目や異なる分野でも、各科目の中で学ぶ内容を精査し、互いに呼応できそうな要素があれば抽出し、上手に関連させて教えます。学際的なアプローチが持つシナジー（相乗）効果を期待することができます。

例えば、歴史の授業で、電信機の発明について学んだあと、ものづくりの機材が並ぶ工房に学びの場を移して、実際に電信機のプロトタイプを作ってみるのです。200年近く前のイノベーションを自分の体験に落とし込む中で、学生たちは領域を超えた視点から、多くのことを学びます。

教育の主体

第三に、新しい教育は、学習者である児童や生徒たちが主体です。

系統学習型の教育現場では、学習のステップを設計する「教師」と、そのために準備された「教室」が、学習現場の中心でした。新しい教育では、問題解決のプロセスそのものが重視されるため、あくまでも主役は、学習者である生徒自身です。例えば、このあと詳しく取り上げるオローニ小学校やヌエバ・スクールでは、早くから探求型の学習メソッドを導入し、生徒中心の学びの場を作り上げています。生徒が自らの学習環境を自主的に構築していくための、様々な取り組みがなされています。

また学びの場を教室に限定せず、生徒に五官を使って情報を吸収させることも特徴です。したがって、先生の講義を聞いて頭で理解する受動的な「静」の学びから、外に出て、手を使い、体を動かして、知識を探索する「動」の学びへと、学習の形が変わるというわけです。

学習モデル

図表5-1　教育の比較

	従来型の教育	「STEMからSTEAMへ」の流れを取り入れた新しい教育	
	系統学習型	デザイン思考型（①プロジェクト・ベース学習 ②プロブレム・ベース学習 ③デザイン・ベース学習）	
①教育の目的	知識の習得	問題解決能力の習得	
②教科の関係	各教科が独立	複数の教科を俯瞰的に学習	
③教育の主体	教師	学習者	
④学習モデル	暗記重視	プロジェクト学習型	
⑤教育が目指す人間像	社会に適応できる人間	社会を変革できる人間	
	「文系」は人文を、「理系」は理数工を学ぶ	すべての人が、STEM（科学・技術・工学・数学）を学ぶ	すべての人が、STEM+A（アート）を学ぶ
	機能性・論理を重視	人間性・直感も重視	
適合する社会のタイプ	工業社会（Society 3.0）	情報社会（Society 4.0）	超スマート社会（Society 5.0）

第四に、ＳＴＥＡＭを重視した教育現場は、プロジェクト学習に支えられています。

メディカルスクールの学習法が、暗記ベースの知識習得型からグループによる実地体験型に移行したように、実践を通して生きた技能が身につくように、プロジェクト・ベース学習やプロブレム・ベース学習など探求型の学習方法が導入されています。

脳科学に基づいて、マインドセットと数学の学びを研究した『Mathematical Mindsets』（数学的マインドセット）の著者ジョー・ボーラー（Jo Boaler）が行った実験では、数学の授業にＰＢＬを導入している学校では、共通試験の結果が他校より高かったことが報告されています。ＰＢＬで学習することで、問題提起がしっかりできるようになること、エビデンスを利用して議論ができるようになること、学びに対する意欲が向上することなどが、その理由に挙げられています。

最近、「アクティブ・ラーニング」という言葉をよく耳にしますが、新しい教育の現場では、コンピューター・アニメーション技術やＣＡＤ（コンピューター支援設計）プログラムなどのソフトウェア技術、そしてオンラインの教育ツールなどを最大限に活用して、学生が自ら積極的に情報を収集し、考え、問題解決を行うような指導がされています。また様々な領域を融合させ、課題に多角的にアプローチすることで、学習者は学び方が一つでないことを体感するのです。

シリコンバレーでは、多くの学校が「ものづくり」スペースを導入しています。レーザーカッターや３Ｄプリンターなど、現代的な機材に小さい頃から触れ、使い方を学ぶことで、プロジェクト学習をする際にも、様々なツールを駆使できるようになります。

第五に、新しい教育は子供たちに、自分たちに社会を変える力があるのだという自信を与えます。

実社会の問題を発掘し、解決していくという教育モデルですから、生徒の学習の先には、常に実現すべき「よりよい社会」がビジョンとして想定されています。限られた資源しかない山奥の過疎地に、きれいな飲み水をどうやって届けるのか。海に流れ出すペットボトルなど、海洋汚染をどう食い止めるのか。学習の成果を社会的インパクトにつなげられるのも、ＳＴＥＡＭ教育の大きな特徴です。

そこで培われるのは、プログラミングや計算力といった機能的側面だけではありません。様々な課題を通して、地球のために考える、人間のために発想するトレーニングを繰り返すことで、子供たちは変革を起こすための視点と方法論を培い、「チェンジ・エージェント」としての自信を深めていくのです。

新しい教育とイノベーションの関係

もちろん、以上のような教育方法は決して普遍的なものではありませんし、異なる領域を融合させるプロセスでは、従来の学びが持つ独自の持ち味が失われたり、教科それぞれに固有の問題点が先送りにされないように配慮することも重要です。

とはいえ、学習者を取り巻く環境が激変していることは、誰の目にも明らかな事実です。出生率が低い先進国では、ポスト情報社会を支えるＳＴＥＡＭ人材の不足が懸念されています。高齢化が顕著な日本においても、今後、人材育成の重要性がますます議論されることは間違いありません。

日々目まぐるしく変わる技術革新の流れの中で、高い付加価値を生み出すイノベーションを創出できる人材を育成できるかどうかは、国の経済力や国際競争力も左右します。各国の政府は、今後ＳＴＥＡＭ教育の必要性を議論し、さらに真剣に取り組んでいく必要があるでしょう。

ポスト情報社会への変革期に、これまでの学習方法を見直し、時代に見合った最適な学習方法を再考することは、教育関係者だけでなく、家庭や国にとっても理にかなったことです。そのためにも、次世代の学習モデルとされるＳＴＥＡＭを理解し、評価することがたいへん重要ではないかと、著者たちは考えています。

STEAMを育てる教育機関

新しい人材の育成を考える上で、最も重要なのが教育です。

シリコンバレーには、イノベーティブで先進的な学びの場を提供し、多くの優秀な人材を生み出している教育機関もまた、数多く集まっています。

ここからは、日本ではまだあまり知られていないシリコンバレーの教育について、具体的な事例を挙げて、その最新事情をご紹介したいと思います。未来のSTEAM人材の育成を試みるシリコンバレーの教育現場からの、最新レポートです。

心と頭をともに育てる――オローニ小学校

スタンフォード大学があるパロアルトは、大学関係者をはじめとするインテリが多く住む、思想的にリベラルな町として知られています。市が管轄する公立の小学校は全部で13校あります。そのうちの2校は、独自の教育理念で運営される特例校で、希望者が応募して抽選で選ばれる「チョイス・スクール」と呼ばれています。

その一つ「オローニ小学校」(Ohlone Elementary School)は、1976年以降、他校と全く異なる「オープン教育」と呼ばれるアプローチを実践してきました。生徒1人ひとりの能力や適性に合わせた学びを構築し、自主性、判断力や責任感などを養うことをゴールに、学習者の視線に立ったカリキュラムを実践しています。自由な校風を掲げる私立校はたくさんありますが、市民の税金で運営される公立校としては、異例ともいえるユニークさを持っています。

その意味でオローニは、シリコンバレーでもひときわ存在感のある初等教育機関だと考えられます。現在活躍する卒業生や関係者に話を聞くと、小学校時代を振り返り「あれこそが〝学び〟だった」といった、熱のこもった台詞《せりふ》が返ってきます。

もともとは1960年代半ばに、成績評価をなくして子供たちを教育できないか、保護者ボランティアをもっと活用できないかと、教師と保護者が新しい学びのモデルを模索したことに端を発したムーブメントでした。これが、当時アメリカの教育界で注目を集め始めていた教育理念に結びついたのです。

オープン教育のモデルは、1990年代後半から12年以上にわたって校長を務めたスーザン・チャールズ（Susan Charles）によって、カリキュラムとして確立されていきました。

オローニでは、二つの学年をまとめたクラス編成で（幼稚園と1年生、2・3年生、4・5年生）、年齢の異なる生徒が同じクラスメートとして学びます。子供たちは、まずは「ヤンガーズ」（youngers）と呼ばれる年少のメンバーとして、翌年には年長の「オールダーズ」（olders）として、2年間同じ教室で同じ担任から授業を受けます。

子供たちは大人と同じように尊重されており、教師もスタッフも保護者も、皆ファーストネームで呼び合います。校長先生も、「スーザン！」と呼ばれます。

始業を告げるベルや号令はありません。多様な学びのスタイルを受け入れていて、授業中でも、クッションを敷いて床に座ったり、動きながら教師の話を聞く子供もいます。

オローニのモットーは、"Teaching Hearts and Minds Together."（心と頭をともに育む）です。

知識の習得だけでなく、人との関係性や協調性といった「社会的」な学びや、自分を見つめ他者の気持ちに寄りそう「情緒的」な学びも、アカデミックな教科と同じように重視するという教育理念を示しています。また、生徒の学びを周囲の皆でサポートして「学びのコミュニティ」を構築しようという姿勢も表しています。オローニが育成を目指すのは、人間を大切にするヒューマニストたちだといえます。

子供たちは、単に教師から指導を受けるのではなく、クラスメートとの協働の中で、自ら課題を見いだし、クリエイティブに解決していくスキルを学んでいきます。ヤンガーズたちは、年上のクラスメートをロールモデルにする術《すべ》を覚え、オールダーズたちはリーダーシップを学びます。

休み時間が終われば、ベルがならなくても自主的に教室に戻ることが習慣になり、自らをマネジメントすることを学んでいきます。大切なのは、子供たちが自らに、他者に、ひいては環境全体に対して責任感を身につけるための環境づくりだとチャールズは述べています。

自主性を重視するオローニでは、学習の主体はあくまで生徒であり、教師は基本的な概念の解説などで支援をする「ファシリテーター」役に徹します。探求型の学習現場を支える教師に求められるのは、何よりも生徒1人ひとりの学び方をよく理解し、寄りそう姿勢です。

単元テストや期末試験などもありません。学校は、子供たちに「知的探求心」「やればできるという自信」「ハッとする発想法」を探索させる場であり、そういった類の学びの質は、数値では決して捉えきれないと考えられているからです。

テストの代わりに、子供たちは課された単元について担任から詳細な説明を受け、「パッケージ」と呼ばれる演習や課題を期日までに終わらせる自己責任を負います。教師の役目は生徒1人ひとりの進行状態に気を配り、それぞれの学びのアプローチにあった学習環境をサポートすることです。

動物の世話やガーデニングで体験型学習

オローニで行われている教育は、理論と実践を両輪とする「体験型学習」です。

例えば、サイエンスのクラスでは、理科の専門家（博士号取得者）が科学的な概念を説明したり実験を指導したりという従来型ともいえるメソッドも取り入れています。

他方で、敷地内には、菜園や果樹園、ヤギや羊のいる「ファーム」があります。1エーカーある広さの土地では、スタッフやボランティアが、動物の世話や菜園でのガーデニングを指導しています。収穫の時期になれば、自分たちで種から育てた野菜をクラスで調理して楽しむのも、オローニならではの学びの一環です。

こうして子供たちは、視覚・触覚・聴覚・嗅覚・味覚などを刺激する学習アプローチを通じて、右脳と左脳をフルに活動させながら、情操や実践力を同時に深めていくのです。今でこそ、体験型学習は注目を集めていますが、1970年代、80年代にはオローニのような学校はまだ珍しく、裸足で授業を受ける子供がいるような自由な校風に、「ヒッピー学校」という呼び名がついていたといいます。

さらにオローニでは、新しい学びのフレームワークである「プロジェクト・ベース学習」（PBL）を実践しています。

例えば、毎春行われる「シミュレーション」（模擬体験）と呼ばれるプロジェクト学習では、ヨーロッパから移住してきた人々が、新大陸アメリカで植民地を形成した建国時点やカリフォルニアのゴールドラッシュといった大きな社会の動きをテーマにして、当時の人々の目線で考えることを学びながら、数カ月かけて「体験」します。

シミュレーションには歴史だけでなく、英語、数学、サイエンス、美術、音楽、演劇、体育といった複数教科が融合されています。まさにこうした初等教育が、異なる領域を越境するSTEAM人材の素地を作り出すと考えられます。

自主性の尊重

また、5段階評価の成績通知表のような、定量的な評価は行いません。

その代わり、保護者は年に2回、面談と文書でフィードバックを受けます。オローニが教育のゴールに掲げるのは、生徒1人ひとりが持つ潜在力を最大限に引き出すことです。そのため、数値では測ることのできない定性的な側面にフォーカスして、子供たちの成長を捉えるのです。

「自主性」の育成が何よりも大切とされ、子供たちは自分自身のパフォーマンスを定期的に振り返る場を与えられています。何がうまくいったか、今後さらに改善できる点は何か、自分を客観的に評価するよう指導されます。その自己査定をもとに、担任の前で生徒が保護者面談を自ら進行していきます。

学年末には、生徒が1年間かけてどんなスキルをどんなふうに身につけたのか、学びのスタイルがどのように変わったかのフィードバックが与えられます。具体的な事例を盛り込みながら、1人ひとりの子供のために担任がレター形式にまとめる「この1年の物語」

(end-of-the-year narratives)と呼ばれる調書は、何ページにも及ぶ成長の記録です。

また、オローニで自主性が重視されるのは、子供たちだけではありません。教師には大きな裁量が与えられており、各々が情熱を注いだ独自のカリキュラムを作り上げています。教室ごとに家具の配置や趣向が異なるのはそのためでしょう。セミプロのオペラ歌手が担任を務めるクラスでは舞台芸術に力を入れており、シャイだった子供も人前でシェークスピアを演じるようになります。森林浴の効果やヨガの効用を信じる教師は、教室のあちこちに観葉植物をぶら下げ、子供たちと一緒に毎朝メディテーションを欠かしません。自然光がパフォーマンスの効率を上げるという研究結果を積極的に取り入れて、日中には蛍光灯を使わないそうです。

オローニ教育の骨子は「コア・バリュー」(核となる価値観)として示されており、教師やスタッフ、子供や保護者に大切に継承されています。ユニークなのは、保護者や学校関係者たちがコア・バリューを議論する場が、定期的に設けられていることです。これは、学びのコミュニティが有機的に進化するというデューイらが提唱した「構成主義」の教育思想の反映だといえるでしょう。

一貫教育にデザイン思考を取り入れる――ヌエバ・スクール

プレスクール（幼稚園年中）から高校生までの14年間（P－12）のカリキュラムに、一貫してデザイン思考を取り入れながら、将来のSTEAM人材を育成しているのが、ヌエバ・スクール（Nueva School）です。

ラテン語で「新しい」を意味するその名の通り、最新のSTEM教育を行う先端的な学校として、世界中の教育者の関心を集めています。先天的に飛び抜けて秀でた能力を持つ子供たち（Gifted and Talented）の潜在力を最大に伸ばすというミッションを掲げて、1967年に設立された私立校です。

開校当初は、幼稚園から小学校2年までの小規模なプログラムでしたが、1971年にはヒルスボロウの丘陵地に立つ広大な邸宅と敷地に、現在の初等・中等部キャンパスができ上がります。2013年には高等部が増設されて、サンマテオ市内に新キャンパスが開設されました。

現在はプレスクールから高等部まで約900人の生徒が、先進的なカリキュラムと自由な校風の中で学んでいます。独特のミッションと授業計画でアメリカ教育省が選ぶ優秀校に過去3回も選ばれ、シリコンバレーの隆盛とともに近年ますます注目される教育機関です。

探求型学習メソッド

オローニと同じく、ヌエバでも学習者の自主性が何よりも重んじられます。プレスクールのカリキュラムでは「遊び」(プレイ)が重視されます。子供たちは自らの意思でアクティビティを選び、遊びを通じて他者との関わりを学んだり、自らを発見していく機会を与えられるのです。

ヌエバ教育の基礎である探求型の学習メソッドは、全学年を通じてカリキュラムに組み込まれています。学生は、自由度の高い環境で様々なリソースを活用しながら、自らの学習を舵取りすることを学びます。

著者たちが取材に訪れたプレスクールの教室では、コンポスト(生ゴミや落ち葉・雑草などを有機的に処理した堆肥)の作り方をめぐって、子供たちが様々な学びを体験していました。その様子をお伝えしましょう。

クラスはブレーン・ストーミングから始まりました。大きな紙を前にして、教師も子供も一緒になって座り込み、なぜコンポストを作ることが大切なのかを話し合っています。なるべく多くのアイデアが出るように、そして全員が話すチャンスを持てるように気を配りながら、教師は子供たちが発するアイデアを紙に書き込んでいきます。

文字だけでなく、絵や図も使って、紙一面に書き込みます。子供がいったことをわかりやすくいい換え、会話をファシリテートするのも教師の役目なのです。

ディスカッションが一段落したところで、全員で教室を出て園庭に向かいました。外の風に吹かれながら、コンポスト容器のまわりに集まった園児たちは、落ち葉や雑草が有機的に発酵していく様子を観察しています。

堆肥の匂いに自然を感じて嬉しそうな顔をする子や、鼻をつまんでのぞき込む子もいます。中に手を入れ、堆肥が「あったかい」と驚きの感想をもらす子供たちを前にして、ミミズや微生物の力を借りて腐熱で温かくなるメカニズムを、教師は会話をするように、わかりやすく話して聞かせています。

観察が終わって教室に戻った子供たちは、園庭で見たり触ったり嗅いだりした感覚や、そこで学んだ言葉を振り返りながら、コンポストについて自分なりにつかんだ情報や知識を、アートで好きなように表現していくのです。教室内のどんな場所を選んで作業しても構いません。机に座って取り組む子もいれば、床にひっくり返って考える子も、窓際で一緒に作業する子供たちもいます。

時間をかけてじっくりと考え、それを絵にする作業が終わると、今度はどんな思いをもってその絵を書いたのかをクラス全員の前でシェアする時間です。教師は1人ひとりをサポートしたあとで、作品をボードに貼り付け、他の生徒の絵や感想とどこが違うのか、何が似ているのかを分析します。最後に皆で一緒に拍手をして作業を終え、互いに作り上げた絵や発表した感想を称《たた》え合っていました。

たった45分間のこのクラスで、子供たちが社会科（なぜコンポストが社会にとってよいのか）、サイエンス（どうやってコンポストができるのか）、アート（感じたことをどう表現するか）、心理学（自分や人がなぜそう感じたのか）を学び、さらに批判的な思考力、コミュニケーション力、コラボレーション力、クリエイティビティといったスキルを身につけていく様子はなかなか見事です。

メーカースペース「イノベーション・ラボ」

探求型の学習を徹底的にサポートするインフラを備えていることも、ヌエバの大きな特徴です。高等部にはもちろん、初等・中等部のキャンパスにも充実した「メーカースペース」（工房）が備わっており、幼児期から高校生まで、一貫してものづくりの楽しさに触れる環境が整っています。

第2章でも紹介したキム・サックスは、20年ほど前にヌエバの教師となって以来、デザイン思考を取り入れた独自のカリキュラムで、プレスクールの5歳児から高校生までを対象に、ものづくりのマインドセットを教えてきました。サックスが始めたSTEAM教育の実践場が、ヌエバが誇る工房「イノベーション・ラボ」（通称「I-Lab」、アイラボ）です。

初等部キャンパスのアイラボは、2005年に設立されました。設計にはスタンフォード大学d.schoolの教育担当メンバーも関わったそうです。

ノコギリや金づちといったアナログ工作機械がおかれる工房と、特殊機材やデジタル工作機器が並ぶスペース、さらにチームごとに作業する教室で構成されています。三つの空間はひと続きのデザインになっており、生徒も先生も自由に行き来できる設計です。休み時間にはものづくりに熱中する小・中学生が集まり、思い思いに作業をしています。

最先端の機材が充実する高等部のアイラボでは、ロボットの腕の部分を熱心に作っている生徒や、太陽電池で走る自作のスクーターを誇らしげに披露する学生の姿を見かけます。

ただし、アイラボは、エンジニアやサイエンティストを育てるために作られた科学室ではありません。ヌエバがこの空間で育成しようとしているのは、科学、工学、数学といった知識に秀でたエキスパートというわけではないのです。

学校のモットーである、"Learn by doing, learn by caring."（実践と、思いやりを通した学び）に表されている通り、ヌエバが目指すのは、人間の役に立つための発想ができる人材の育成です。

アイラボを使ってサックスが実践するのは、社会に役立つ実行力とエンパシーを兼ね備えたSTEAM人材なのです。

アイラボは、生徒や教師が「コラボレーション」を実現し、デザイン思考を実践する空間です。例えば小学5年生たちが、1年生のために「遊び場」をデザインします。アイラボで自分のペアになった1年生を相手にユーザーインタビューを行い、そこで得た気づき

工房でロボットの腕を作る生徒

をもとに、その子が喜ぶような場所をデザインするのです。

アイラボの専任教師が、室内の機材を積極的に使ってプロトタイプ作りをするように、生徒たちを励まします。アナログ工房ではノコギリで切った木材にヤスリをかけたり、レーザー加工機でプラスチックを切断したり、はんだごてで金属を接続します。デジタル工作機器のスペースでは、生徒がCADで作成した設計図を3Dプリンターで打ち出しています。こうして、男子も女子も高校に進学するまでには、大方の工作機材を経験済みというわけです。

人間に内在する潜在力を引き出すことこそ教育である。そうしたヌエバ・スクールの教育理念は、オローニ小学校の教育哲学と共通しています。

最先端の機材が揃うアイラボでも、教育の主軸は科学や技術といった教科の知識でも、機材の使い方でもありません。主眼はあくまでも人間におかれています。アイラボは「人間を知る」ことの大切さを徹底的に教え、ヒューマニストを育てる空間なのです。

社会を変える授業「ソーシャル・イノベーション」

ヌエバの高等部キャンパスでは、デザイン思考がさらに深くカリキュラムに取り入れられています。

選択科目の一つ「ソーシャル・イノベーション」は、アイラボの専任教師が担当する、イノベーションによって社会を変えることを学ぶプロジェクト・ベース学習の授業です。生徒たちはチームに分かれて社会問題をリサーチし、自分たちで課題を設定します。インタビューや参与観察などで得た情報をもとに、チームでブレーン・ストーミングを繰り返し、アイデアをプロトタイプにするという、デザイン思考の「型」を実践します。

2017年度のクラスでは、「女性のホームレスが安心して使える寝袋」「果物を長期間保存できる環境に優しいゼオライト製の特殊容器」「目が不自由でも使えるセンサー付きベルト」といった、独創的なアイデアが数多く生まれました。

ユーザーを特定してニーズを探る段階では、学外でインタビューを行うことも少なくありません。直接ホームレスの女性と話をしたり、視力に問題のある人々の考えにじっくり耳を傾けたりするプロセスで、生徒たちは普段触れることのない生活や視点を自分たちの中に取り込んで、人間に対するエンパシーを深めていくのです。

「ソーシャル・イノベーション」クラスのハイライトは、ベンチャー・キャピタリストやデザイナーなどの専門家を前にしたプレゼンテーションです。商品化の見込みがあるとされたアイデアにはシード資金も提供されるので、生徒たちは真剣に取り組みます。幾度も学内外でシミュレーションを繰り返すうちに、プレゼンのスキルも自然に向上していきます。

2018年春には、d.schoolを会場にプレゼンが行われました。シリコンバレーを代表する企業のエンジニアやプロダクト・デザイナーたちがボランティアで審査員となり、学生たちのピッチに丁寧なフィードバックを提供する様子は、躍動感にあふれています。起業家を目指す学生にとっては、貴重なネットワークやセカンド・チャンスにつながることもあるからです。

最先端教育の実験場として世界的にも注目を浴びる教育機関ヌエバの保護者には、科学者やエンジニア、ベンチャー・キャピタリストや起業家が少なくありません。豊かなコミュニティが形成する独特のネットワークが、アイラボのような画期的なカリキュラムをサポートしていると考えられ、ヌエバ・スクールは、まさにシリコバレーならではのＳＴＥＡＭ教育の実践場といえるのです。

官民連携の挑戦――デザイン・テック・ハイスクール

公立校が企業と密接に連携した事例として、アメリカ国内で注目を浴びている高校が、サンマテオのチャーター・スクール「デザイン・テック・ハイスクール」（通称「d.tech」）です。

チャーター・スクールとは、個人やグループが教育の理念やゴールを掲げて設立申請を行い、国や州からの公的資金で学区が運営する「公募型研究開発校」を指します。アメリカで１９９０年代から増えつつある新しいタイプの教育機関です。

もともとはスタンフォード出身の英語教師ケン・モンゴメリー（Ken Montgomery）の「高校生を対象にしてものづくりの心と創造性を育むための環境を提供しよう」という発案で、ミルブラエの高校校舎の一角で、139名の生徒を対象に2014年に始まった小規模なプログラムでした。

デザイン思考の応用と実践というd.techのユニークなミッションに、地元に本拠地を置くソフトウェア大手企業のオラクル（Oracle）が目をつけます。4300万ドル（約48億円）を投じて2017年に本社の敷地内に新築した校舎が、同校に貸与されて、抽選で選ばれた135名の生徒が学んでいます。オラクルの社員がメンターとして教育活動にも参加し、ビジネス企画書の作成スキルや、ユーザー体験を基にしたデザインの仕方など、社会に直結した実践的なテーマを指導しています。

ヌエバ同様、d.techのカリキュラムにはデザイン思考のフィロソフィーとメソッドが組み込まれており、教員は全員スタンフォードのd.schoolでトレーニングを受けています。広さ8000平方フィート（約225坪）の工房「デザイン・リアライゼーション・ガレージ」は、デザイン思考を実施するためのメーカースペースです。卒業に必要とされる単位の約6分の1の学習活動が、この工房を使って行われています。

ＳＴＥＭ領域の学びだけでなく、エンパシーの育成もd.techの大切な教育の柱であり、例えば上級生が下級生に機材の使い方を指導するといったカリキュラムが、必修授業の中に組み込まれています。

年に4回実施される2週間プログラムの「インターセッション」もd.techの特徴の一つです。この期間中には基礎科目の授業は一旦中断されて、生徒は、ビルディング設計、ウェアラブル端末、ＶＲ（バーチャル・リアリティ）、コーディング、ロボティクスなど、従来のカリキュラムにはないトピックの中から、自らの興味に基づいてクラスを選択して、学びの幅を広げます。

d.techは、エンジニアリングなどのＳＴＥＭ教育を特色とする高校ですが、インターセッション中はアートやデザイン系の選択科目も数多く用意され、生徒は幅広い選択肢の中から、ＳＴＥＡＭ的な独自のカリキュラムを自ら構築することができるのです。中には、美術館めぐりという経験をデザインするクラスなど、社会や生活に根付いたユニークなテーマもあります。

通常授業の期間に履修する従来型の基礎科目と、インターセッション中に受講する選択科目を交互に経験することで、生徒にとってもメリハリが生まれ、学びの効率が高まるという指摘もあります。

d.techの試みは、教育関係者の間で様々な議論を醸し出しています。税金を使って運営される教育機関に、一企業が深く関わることの正当性を疑問視する声も少なくありません。とはいえ、デザイン思考を強力に推進する学校を支援するとして、地域の老舗企業がいち早く名乗り出て4300万ドルもの投資をしたことは注目に値します。

第4章で述べた通り、シリコンバレーの企業群はデザインやデザイン思考に、近年深い興味を示しています。d.techは官民連携で行う壮大なプロトタイプであり、今後も注目していく価値のある教育機関だといえるでしょう。

エンパシーを育成する高等教育——スタンフォード大学教育学大学院

スタンフォード大学のデザイン思考というと、多くの方はd.schoolを連想するかもしれません。実は、教育学大学院においても、デザイナー的な発想を取り入れて教育を活性化するユニークな試みが行われています。

理論と実践を重視する教育者シェリー・ゴールドマン（Shelley Goldman）が、工学部やd.schoolとの連携で発案した「ＳＴＥＭ的思想家教育」（Educating Young STEM Thinkers）と題する講義です。２０１１年に、ＮＳＦからの補助金で開始したプログラムです。

受講者は４人１組になって、「中学生のためにＳＴＥＭ教育のカリキュラムを作成する」という課題に一学期をかけて取り組みます。発想のプロセスにはデザイン思考が取り入れられています。ユーザーである中学生のニーズを考えながら、プロトタイプ（授業計画）をデザインして、現場で得られるフィードバックをカリキュラムに還元していくのです。

受講者（大学院生・大学生）だけでなく、授業計画の対象者となる中学生、ファシリテーター役の教授やスタッフなど、プログラムに参加するすべての関係者に「学び」をもたらす「探索型」のユニークなクラスです。

ＳＴＥＭ系、人文系などあらゆる領域の学生が受講できるオープンなクラスであることから、導入当時から人気を集めました。教育学だけでなく、工学、数学、化学、バイオエンジニアリングといったＳＴＥＭ領域に加えて、歴史や経済学などの人文系プログラム、さらにはビジネススクールやメディカルスクールなど多岐にわたる領域から、専門も年齢もバックグラウンドも異なる学生が集まってきます。

メーカー、リサーチャー、ビジネスマン、プログラマーなど区区たるグループですが、彼らには一つの揺るぎない共通項があります。それがエンパシーです。

このクラスに集まるのは「社会を変えたい」「社会は変えられる」という信念を持ったメンバーばかりです。週に二度の授業は、前半が理論の座学、後半が実践です。d.schoolの教室で行われる前半のクラスでは、事前に課された論文を全員で議論したり、チームに分かれて授業計画のアイデアを出し合ったりします。後半のクラスでは、実際に中学校を訪れて、生徒を相手に授業を行います。

このプログラムで学生が訪れる中学校は、貧困問題を抱える隣町イーストパロアルトにあるチャーター・スクール「イーストパロアルト・フェニックス・アカデミー」（EPAPA）です。

パロアルトが、全米トップレベルの教育機関を複数抱え、卒業生の約8割が大学に進学するアカデミックな町であるの対し、隣接するイーストパロアルトでは、高校生の約6割が卒業せずにドロップアウトしています。

EPAPAはシリコンバレーで生まれるテクノロジーや、同地域に特有な文化的多様性などを教育のツールに使うことで学生の学びをサポートし、貧困層の子供たちの大学進学率を改善しようと設立された学校です。とはいえ近年は、州の教育予算の削減を受けて、STEM系の専任教員を維持できずにいます。

オローニの小学生たちが常勤のサイエンス教師やファームのスタッフから学び、ヌエバの学生がアイラボで最新機材を使ってものづくりを楽しむ状況とは、極めて対照的です。

数学やサイエンスを楽しく学ぶ授業を計画し、貧困層の中学生たちがSTEMに持つ意識を変えることで、「シリコンバレー・パラドックス」ともいえる状況を少しでも改善できるのではないかと動き出したのが、このNSFのプロジェクトなのです。

受講者の多くがサイエンスやエンジニアリングといった領域で学ぶ大学院生であるため、各チームにはSTEMエキスパートが必ず1人か2人は入ることになります。そこにビジネスや教育・人文など他分野のメンバーからの視点が加わるため、多様な専門性が融合されたSTEAM的な発想が可能になります。

スタンフォードの学生たちは、10週間にわたって毎週EPAPAを訪れ、中学生たちと少しずつ交流を深めていきます。現地に到着後、2人1組のチームでEPAPAの学生とペアを組みます。校庭でキャッチボールをしたり、テーブルでおしゃべりをしたり、それぞれ思い思いのやり方で1時間ほど過ごします。初対面のプレティーンから話を引き出し、相手のニーズを探るというプロセスは容易ではありません。

翌週にd.schoolを会場に行われる座学のクラスでは、受講者がEPAPAでの経験を振り返ります。思ったことや感じたことを、口頭や文書で共有するのです。ペアになった中学生とお互いにぎこちないまま時間が過ぎて焦るばかりだったと語るエンジニアもいれば、一生懸命作った授業計画にちっとも関心を持ってくれなかったと嘆く数学専攻の学生もいます。

せっかく知り合った中学生が翌週から来なくなって、何が悪かったんだろうと責任を感じたとうなだれる教育学専攻の仲間の姿に、クラスメートたちは自分の体験を重ねて同じようにうなだれたり、うなずいたりしています。

10週間の体験を共有していくプロセスの中で、学生たちは戸惑いや不安を率直にコミュニケーションできるようになっていきます。クラスメートの失敗体験に共鳴し、気持ちに寄りそう術を身につけていきます。聞き役に徹していたファシリテーターのゴールドマン教授は、毎週作り上げているSTEMの授業計画はまさに「プロトタイプ」であって、テストし改良するためにあることや、彼らの戸惑いや不安こそが「エンパシー」の芽であることを指摘します。

プログラムの最終日、受講者の1人が「こんなに強烈な経験をしたのは初めてだった」と感慨深げに2カ月半を振り返っていました。その横でクラスメートたちが、無言でしきりにうなずいていました。高い競争率の中から選ばれた押しも押されもせぬエリート人材たちが、あらためて挫折や失敗を味わいながら真の学びを体験しているのかもしれません。

EPAPAでの経験は、受講者たちにとって、人間を知り、己を発見する機会となっているようです。ヒューマニストを育成する、貴重なSTEAM教育が、今シリコンバレーで実践されつつあります。

第6章

私たちがシリコンバレーから学べること

シリコンバレーのエコシステムをデザインする

ここまで、シリコンバレーで活躍するSTEAM人材をめぐって、その目的やマインドセット、発想のメソッド、教育現場という観点から、具体的な事例を交えて詳しく見てきました。

最後に本章では、STEAM人材たちを育成し、インスピレーションを与え続けているシリコンバレーという環境にあらためて目を向けたいと思います。そうすることで、私たちがシリコンバレーから学べることと、STEAMの未来について考えてみたいと思います。

シリコンバレーは、これまで数多くのスタートアップを生み出してきました。HP、アドビ、オラクル、グーグル、アマゾン、テスラ、エアビーアンドビーなど、今では世界的に展開するビジネスも、もともとは数人のベンチャー企業から始まったものです。

いまやシリコンバレーは世界中からベンチャー投資を集めています。調査会社のピッチブック（PitchBook）によれば、2017年に国内のベンチャー投資は、ドットコム・バブル以来の最高水準に達し、計8000社あまりに対し840億ドル（約9兆3000億円）が投じられました。そのうち190億ドルは、シリコンバレーに集中するユニコーン企業への投資です。シェアライド配車サービスでウーバーと競合するリフト（Lyft）が、二度にわたる調達で計25億ドルあまりを集めました。

シリコンバレーのベンチャーが集める投資は国内に限りません。シェアオフィス事業を展開するウィーワーク（WeWork）は、2017年にソフトバンクのベンチャー・ファンドから調達した44億ドル（約5000億円）に加えて、翌2018年末にはソフトバンク本体から30億ドル（約3400億円）の追加出資を受けて、アメリカのメディアを賑わせています。

このように、現在も次々とスタートアップを生み出し続けているシリコンバレーには、それを可能にしているエコシステム（生態系）があるということは、すでにお伝えしてきた通りです。しかし、そのような環境条件はそもそもどのようにして構築されたのでしょうか？　ここであらためて歴史をひもとき、シリコンバレーの発祥を振り返ってみたいと思います。

「収穫の谷」から「シリコンの谷」へ

サンフランシスコ湾岸という地の利から、同地域には20世紀が始まる頃すでに電信機やラジオなどの技術産業が生まれていたといいます。とはいえ温暖な気候に恵まれるこの一帯は、主にはのどかな果樹園が広がる肥沃《ひよく》な農業地帯でした。1960年代までは、果物の出荷量でも世界一を誇るほどで、シリコンの谷ならぬ、「心躍らす収穫の谷」（Valley of the Heart's Delights）と呼ばれていたのです。

20世紀前半にアメリカの雄大な自然を撮り続けた写真家アンセル・アダムズ（Ansel Adams）の、「果樹園、早春、スタンフォード大学の近くで」と題した1940年の作品には、果樹の若木が並ぶ、いかにも初々しい大地が写っています。

今では老舗ベンチャー・キャピタルが集積し、賃貸料はニューヨークのマンハッタンを上回るといわれるサンドヒル・ロードの一等地も、かつてはリンゴやアプリコットの甘い香りが漂う農地でした。

シリコンバレーの誕生に大きな役割を果たしたのは、その中心部に位置するスタンフォード大学でした。大陸横断鉄道で財をなしたリーランド・スタンフォード（Leland Stanford）夫妻が、16歳の若さで他界した最愛のひとり息子をしのび、1891年に開校した教育機関です。8000エーカー（約993万坪）を超えるキャンパスは、もともとは一家が農園（ファーム）として購入した土地でした。関係者に知られる大学の愛称「ザ・ファーム」は、それに由来しています。

1939年に、スタンフォードの学生で発明好きだったウィリアム・ヒューレット（William Hewlett）とデイビッド・パッカード（David Packard）の2人が、当時工学部長だったフレデリック・ターマン（Frederick Terman）の後押しで、この地にコンピュータ会社ヒューレット・パッカード（Hewlett-Packard）を起業したことが、シリコンバレー史の始まりとされています。このターマンが、のちに「シリコンバレーの父」と呼ばれるようになる、エコシステムの青写真の設計者です。

戦後、ソ連が世界初の人工衛星の打ち上げに成功すると、アメリカ連邦政府は危機感を募らせ、巨額の資金を大学に配分して科学技術研究を奨励します。当時地方の一大学だったスタンフォードにとって、大型の研究費を取り付けて成長するまたとない機会でした。

そこでスタンフォードの副学長ターマンが打ち立てた戦略が「スティープルス・オブ・

エクセレンス」でした。スティープル（Steeple）とは教会の尖塔のことを指します。ハーバード大学やイェール大学など東部の名門大学に比して歴史の浅いスタンフォードが、いくら実学重視の大学とはいえ、いきなりすべての科学技術分野で秀でることは難しい。ならば、いくつかの領域で研究開発のトップを目指そう。ターマンが絞り込んだ領域の一つが、半導体だったというわけです。

当時、卒業生たちが就職先を求めて東部に流出する事態に、ターマンは頭を悩ませていました。そこで目をつけたのが、キャンパスの広大な敷地です。大学の周りに企業群を作って雇用を創出しようと、1951年に工業団地「スタンフォード・インダストリアル・パーク」（現在のスタンフォード・リサーチ・パーク）を発案します。

「実用的かつ有益な教育の実践」という設立理念の通り、スタンフォード大学は、その周辺に最先端の技術開発を行う企業を集積させて、産学連携を推し進めていきます。こうして、20世紀初めには西海岸の無名大学だったスタンフォードは、エレクトロニクス産業の誕生と成長とともに、トップレベルの研究大学へと発展を遂げるのです。

同じ頃、トランジスタの発明でノーベル物理学賞を受賞したウィリアム・ショックレー（William Shockley）が、近隣のマウンテンビューにショックレー半導体研究所（Shockley

Semiconductor Laboratory）を設立します。そこから才能のある8人のエンジニアが飛び出してフェアチャイルドセミコンダクター（Fairchild Semiconductor）が誕生したことは有名です。

その後、インテル（Intel）をはじめとして「フェア・チルドレン」（フェアチャイルドをもじって複数形にした呼び名）と呼ばれる多数の企業がスピンアウトし、アメリカの半導体産業を形作っていきます。

こうして、スタンフォード大学と工業団地の周辺に発生した企業群は、間もなく南のサニーベール、サンタクララといった町にも広がり、やがてサンノゼにまで拡大していきます。21世紀に入ると、サンフランシスコの南にバイオテック系のスタートアップ企業がクラスターを形成し、さらに湾を挟んで対岸のフリーモントやオークランドにまで企業活動は拡大していきました。

1991年からシリコンバレーの発展史を記録してきたサンタクララ歴史協会によれば、今では、南はサンタクルーズやモントレー、北はサンタローザ、東はサクラメント先のグラスバレーにまで広がった企業群が、「大シリコンバレー圏」（Greater Silicon Valley）を形成しているといいます。

シリコンバレーの元祖STEAM人材たち

１９７０年代のシリコンバレーで、世界トップレベルの科学者や研究者を集め、未来を見据えたＳＴＥＡＭ的な活動を行っていた機関の一つが、ゼロックス（Xerox）の「パロアルト研究センター」（通称「ＰＡＲＣ」）でした。

ここで、１９７９年末のある日、コンピューター産業に革命をもたらす運命的な出会いがあったことを、ご存じでしょうか。

その日ＰＡＲＣを訪れていたのは、当時新進気鋭のベンチャー企業だったアップルのスティーブ・ジョブズと、エンジニアたちです。エキセントリックな性格と独特の世界観で、すでに業界で名の知られていたジョブズでしたが、技術の目利きとしての能力とビジョンをもつ稀有な存在でした。

視察の目的は、試作コンピューター「アルト」（alto）です。ＰＡＲＣの科学者と技術者たちが叡智《えいち》をかけて開発していた「グラフィカル・ユーザー・インタフェース」（ＧＵＩ）のテクノロジーを導入した初めての作品でした。

現在私たちが当たり前のように使っている、パソコンやスマートフォンの画面操作は、このGUIという技術が可能にしたものです。それまで、コンピューターの情報は、すべて文字情報で出入力されていました。GUIの開発によって、ユーザーは画面をノートのページに見立ててカーソルを自由に動かし、より直感的に情報を操作することが可能になったのです。

コンピューターといえばオフィスの壁を埋め尽くす大型機器を指していた時代に、誰もが気軽に使える「個人向け」のコンピューターを作ろうという発想自体が、まさに"think out of the box"（型にはまらない）を地でいく、驚きのビジョンとクリエイティビティでした。

とはいえ、オフィス機器だったコンピューターが一般家庭に普及することなど、まだ誰も想像していなかった時代です。開発コストがかさみ小売価格が桁外れに高くなるとされたアルトは、市場性に欠けると評価されます。時代の先を見据えた頭脳集団が、STEM的な知を集結して生んだイノベーションも、実用性の見つからない技術として、お払い箱になってしまいます。

その技術に、未曽有のビジネスチャンスを見いだしたのが、他でもないジョブズでした。

アップルはＰＡＲＣから技術者を引き抜き、最先端のＧＵＩ技術の開発と改良に成功します。

スティーブ・ジョブズを育んだ環境

当時、アルトを視察に来た企業は他にもいたそうです。その中で、アップルがパソコン市場の開拓に成功したのはなぜでしょうか。それはビジョナリーだったジョブズの中に、人間への強い情熱があったからではないでしょうか。彼を真の逸材にしたのは、デザイナーとしての独特の感性だけでなく、デザインを通して技術と人をつなげようという、のちのＳＴＥＡＭ人材の新しいヒューマニズムにつながる世界観でした。

ジョブズは若い頃から、機能的な美しいデザインを多くの人々に届けることに関心を寄せていました。そのルーツには、彼が育ったシリコンバレーの家屋や町並みが深く関係しているといわれています。

サンフランシスコ湾沿いを南北に走る国道１０１号線を下りて、スタンフォード大学のキャンパスに向かう途中、独特のスタイルをした平屋がいくつも並ぶパロアルトの住宅地があります。アースカラーの外壁に、明るい色の扉、徹底して低い屋根が特徴です。

これらが、アメリカの住宅建設業者ジョセフ・アイクラー（Joseph Eichler）が発案し、1950年代にカリフォルニアを中心に定着した建売住宅「アイクラー・ホーム」です。

室内と室外をつなぐ「アトリウム」という中庭が特徴的で、柱と梁を隠さずにデザインの一部に取り込んだ独特のスタイルです。間仕切りを最小限におさえたオープンな空間に、床から天井まで一面ガラスの壁から、自然光がたっぷり入る構造です。今でこそよく見かける建築スタイルですが、当時の建売住宅としてはたいへんに画期的でした。

その建設を支えたのは、富裕層の特権だったスタイリッシュな建築を多くの一般国民にも廉価で提供し、人々の生活の質を高めたい、というアイクラーの思いでした。

その哲学に、少年時代のジョブズはたいへん感銘を受けたそうです。デザインと機能性を兼ね合わせた製品を一般の人々に解放するという思想は、ジョブズたちのアップル創業の理念にも大きく影響を与えています。

文化人類学者のような観察眼

一方、デザイナーとしてのジョブズのこだわりは、執拗とまでいえるものでした。彼の美的追求への執着は、アップル製品のハードウェアだけでなく、ソフトウェアにまで及んでいます。

コンピューター上で様々な美しい書体を可能にする「フォント」も、ジョブズがこの世に送り出し、一般化させたイノベーションです。ジョブズが2005年に、スタンフォード大学の卒業式で「ハングリーであれ。愚か者であれ」（Stay Hungry, Stay Foolish.）と若人に呼びかけた有名なスピーチでも、マッキントッシュのフォント開発の件に触れています。リード大学をドロップアウトしたあと、気に入ってちょくちょく顔を出していたカリグラフィー（西洋書道）の授業で、美しい書体に初めて出会い感銘を受けたといいます。このときのインスピレーションが影響して、アップルが初の一般向けパソコンとして売り出したマッキントッシュには、気に入ったフォントを選べる機能や、字間の幅を調整する機能が搭載されたのです。

サンフランシスコで開かれたアップルのイベントで、テクノロジーとリベラル・アーツの交差点について語るスティーブ・ジョブズ

アップルのコンピューターの画面をよく見ると、ウィンドウやアイコン、作図に使う様々な図形も、角が削られて丸みを帯びています。これもまた、ジョブズのこだわりの産物です。

開発時、ジョブズから注文をつけられたエンジニアは、「四角形が角ばっていて何が困るんだ」と反論したそうです。しかし、ジョブズは徹底的に生活者の目線にこだわったのです。部屋にあるホワイトボードや机、道路ぎわに立つ交通標識などを指差しながら、「僕らの身の回りにあるものは、すべて角が美しくカーブを描いている！」といって譲りませんでした。

重要なのは、彼のこだわりが、社会や人

間への好奇心から生まれているという点です。文化人類学者のような観察眼で、人間が暮らす空間や習慣を読み取り、何が人間にとって快適なのかをつかんでいたのでしょう。そんな逸話が、ジョブズの伝記に数多く登場しています。

どんなにクールなテクノロジーでも、むき出しで提供されては普及しません。STEMが生み出すテクノロジーに魂を吹き込むには、人間の感性に訴える方法が必要であり、それがアートやデザインだということを、ジョブズは直感的に認識していたのでしょう。

2011年、半年後の死を意識したジョブズが、最後に語りかけています。

「テクノロジーはリベラルアーツと融合して初めて、人の心を謳わせることができる」

ジョブズの哲学が、そこに凝縮されています。

最先端技術をスタイル感の高いデザインと融合させた製品を送り出し続けたアップルは、いまやシリコンバレーのアイコン的存在となっています。おそらくジョブズは、STEAMの本質を深く理解し実践していたのだと思います。

ゴールドラッシュと起業家精神の伝統

シリコンバレーには、様々なアクターが存在し、ハイテクベンチャー企業の成長を支えています。スタンフォード大学ビジネススクールのウィリアム・ミラー（William Miller）らは、自然界で植物や動物が繁栄する環境にそれをたとえて、「ハビタット」（生息地）とも表現しています。同様にこれまでも、様々な理論家や実践家たちが、シリコンバレーに特有な社会構造を分析し、当地のエコシステムについて議論を重ねてきました。

ＰＡＲＣやスタンフォード・リサーチ・インスティテュート（ＳＲＩ）といった研究機関のほかに、資金や経営のアドバイスを供するエンジェルやベンチャー・キャピタル、知的所有権を専門に扱うベンチャー特化型の法律事務所、萌芽的なテクノロジーの孵化器《ふか》となるインキュベーター、会計事務所や銀行・証券機関、コンサルタントやヘッドハンターなど、シリコンバレーには多面にわたる要素が集積していきます。ＮＡＳＡ（アメリカ航空宇宙局）のエイムズ研究センターなどの連邦機関も、ベンチャー企業の調達先となってシリコンバレーの技術開発を支えてきました。

シリコンバレーを特徴づけるのは、いうまでもなく、そこに生息する人々の比類なき起業家精神です。

シリコンバレーがあるカリフォルニア州は、「ゴールデン・ステート」の愛称でも知られています。1848年に州都サクラメント近くの川で砂金の粒が発見されたことで、一獲千金を狙った人々が世界中から集まるようになりました。

たとえ金塊は見つからずとも、発想を次々にチャンスへと変えていった当時の起業家たちの逸話が、この土地の歴史にはあふれています。

ジーンズで知られるリーバイス（Levi's）は、採掘場で砂金を掘る人々を相手に、銅の留め金でポケットを補強した帆布製の頑丈な作業衣を売って財をなしました。同じくサンフランシスコに本社のあるウェルス・ファーゴ（Wells Fargo）銀行は、金掘人相手のデリバリー・サービスから始まっています。新天地にチャンスを求めて移り住んだ人々の開拓者精神は、それから1世紀半以上が経った今もなお、シリコンバレーの風土や文化を特徴づけています。

フロンティア精神あふれる人々の成功話は、多くのチャレンジャーを呼び寄せます。JVSVの調査によれば、1850年には50万人ほどだったシリコンバレーの人口は、2015年までに60倍にまで増えており、とくに2011年から海外からの移入が急増しているそうです。シリコンバレーの3人に1人は外国生まれの移民です。

実際にインターネット産業の誕生以来、外国生まれの起業家たちが、数多くベンチャーの創設に関わってきました。

サンマイクロシステムズ(Sun Microsystems)のビノッド・コスラ(Vinod Khosla)や、ホットメール(Hotmail)のサビア・バティア(Sabeer Bhatia)はインドの出身です。ヤフーのジェリー・ヤン(Jerry Yang)は台湾生まれ、イーベイ(eBay)のピエール・オミダイア(Pierre M. Omidyar)はフランスのパリ出身、グーグルのセルゲイ・ブリン(Sergey Brin)は旧ソ連のユダヤ人家庭に生まれています。テスラのイーロン・マスク(Elon Musk)は南アフリカのプレトリアで育ちました。

2016年度の国勢調査で、シリコンバレーのテクノロジー人材の71%が外国生まれだったことを、地元紙マーキュリーニュースが伝えています。

シリコンバレーには起業家精神に満ちた人々が集まり、ありえない発想からイノベーションが生み出される苗床が醸成されています。

伝統にとらわれない開放的な風土、自由に移動する人材がもたらす知識・情報・技術の拡散、非公式な人脈や組織網、産業界と大学との強固な連携などがエコシステムを形成し、世界中から人材を惹きつけて同地の発展をうながしています。そこに機能性とデザイン性をあわせた人間中心の発想が絡み合うとき、ベイブリッジを「光のキャンプファイヤー」

に変えてしまうようなＳＴＥＡＭという活動が生まれるのです。

ボストン「ルート128」とシリコンバレー

カリフォルニア大学バークレー校の地域経済学者アナリー・サクセニアン（AnnaLee Saxenian）は、1994年に出版した『現代の二都物語』（大前研一訳、講談社）の中で、シリコンバレー特有の地域ネットワークの優位性について論じました。サクセニアンの分析は、ＳＴＥＡＭのエコシステムを考える上でとても重要なので、以下に少し詳しく紹介したいと思います。

アメリカの東部、マサチューセッツ州ボストン郊外の「ルート128」と呼ばれる地域は、西部のシリコンバレーと同じく、エレクトロニクス革命で世界をリードする存在でした。

1980年代、両地域は同様に大きな危機に見舞われました。ミニコンピューターで栄えたボストンのコンピューター・メーカーたちは、ワークステーションやパーソナル・コンピューターなどの新しい製品に顧客を奪われていきます。シリコンバレーのチップ・メーカーも、半導体メモリの市場を日本の競争相手に明け渡すことになるのです。

しかしその後の両地域は、極めて異なる道をたどります。ルート128が雇用を生み出せないまま競争力をなくしていく一方で、シリコンバレーには新たな企業がいくつも生まれて成功を収め、以前の活気を取り戻します。

サクセニアンは、その理由を両者の社会構造の違いにあると説明しています。

ボストンでは、少数の企業が、生産工程を外部に委託することなく、閉鎖的な活動を行っていました。サクセニアンは、これを「中央集権型」と呼びます。それに対し、シリコンバレーでは多くの企業が非公式のネットワークでつながり、開放的に競合・連携している「分散型」だったといいます。

シリコンバレーの特徴とされるオープンな関係性は、企業単位だけではなく、個人と個人のつながりによって支えられています。大学時代の友人や、子供の学校ボランティアを通じた知り合いが、家族ぐるみの付き合いで結ばれ、濃厚な人脈を形成しています。

仕事帰りには、地元のバーで一杯やりながら、エンジニア同士が最新技術に関する話をしたり、アイデアや情報を交換したりするのです。非公式の会話がいたるところで展開され、情報のやり取りを通して技術者のコミュニティが形成されて、メーカー同士が緊密に連携している様子を、1970年代初めにシリコンバレーを取材したジャーナリストが、驚きと好奇心をもって報告しています。

マウンテンビューにあった酒場「ウォルカーズ・ワゴン・ウィール」は、そんな情報の〝たまり場〟としてシリコンバレー史に名を残しています。1970年代から90年代にかけて、フェアチャイルドセミコンダクターやナショナルセミコンダクターなど半導体産業を牽引していた企業のトップ技術者たちが、この店に頻繁に集い、ネットワークを形成したそうです。

プロジェクトの終了を祝って打ち上げをしたり、「それ、どうやってエッチング処理したのさ」といった技術屋同士のニッチな情報が行き交ったり、人材の引き抜きが行われていた様子が、同市に設立された「コンピューター歴史博物館」の資料にも残っています。

この非公式のネットワークこそが、競争相手や顧客市場、そして技術について最新の情報をつかむ重要な情報源になっているというわけです。シリコンバレーには、こうして人や情報のネットワークが張りめぐらされていて、企業は競争しつつも、互いに持ちつ持たれつで活動する開放的な風土が醸成されているのです。

ボストンのあるニューイングランド地方は、人々が10世代近くにわたって同じ地に住み続けており、17世紀から続くピューリタン文化の影響を受けた保守的な階層文化が色濃く残っています。

それに比べて歴史が浅いシリコンバレーの起業家たちは、家系や出身階層ではなく、むしろ新しい技術を開発するという「ミッション」をアイデンティティの核にしているとされています。

エコシステムの核は分散型のネットワーク

サクセニアンの分析は、STEAM人材の生まれるエコシステムを考える上で、今もなお非常に重要な示唆を含んでいると著者たちは考えています。

本書で繰り返してきましたが、科学やテクノロジーだけでなく、アートやデザインなど、あらゆる分野の人材が集まって互いに学び合おうとするのがSTEAMのコンセプトです。従来にはない結びつきを生み出そうというSTEAMの活動は、伝統や因習にとらわれない自由な風土の中にこそ根付きやすいといえます。

シリコンバレーには、既存の枠組みにとらわれずに大胆に発想し、柔軟かつ濃厚なネットワークで競争と協働を繰り返す開放的な風土が醸成されてきました。この「分散型」の社会構造の中でこそ、異なる領域を融合して発想するSTEAM人材たちが生まれ、その力を発揮できるわけです。

シリコンバレーの様々なニッチ技術を専門とするベンチャー企業では、互いに激しく競争しながらも、変化する市場や技術に対応するために、境界を超えたグループ学習などが行われています。また、企業間だけでなく、業界団体や大学など異なるセクター間の垣根も低いため、人々は所属を変え、職種を越えて頻繁に移動を繰り返します。

大学や業界団体が無料で主催するセミナーやイベントがさかんに開かれているため、参加者たちは新しいネットワークを広げることができます。

狭い地域にクラスターとして企業群が集積していることも、人や情報の行き来を容易にしています。「転職したけど、駐車場は同じだった」というシリコンバレー・ジョークもあるほどです。

労働市場はとてもオープンです。引き抜きや転職は日常茶飯事で、先月まで大学で教えていた人が、いつの間にか先端企業で技術開発に携わっているという話も珍しくありません。先週まで競合他社にいた人材とチームを組んで共同開発をする、というシナリオも十分に考えられるわけです。

アメリカで1982年から1996年の間に生まれたミレニアル世代たちは、平均4・2年ごとに転職しますが、シリコンバレーのテクノロジー企業では、転職率がその2倍だともいわれています。

こうしたネットワークがシリコンバレーのエコシステムの核である以上、この地で活躍する人材には「コミュニケーション」「コラボレーション」の力が強く求められます。批判的思考やクリエイティビティといった能力や資質に加えて、これらの21世紀スキル（4C）をフルに活用して、エコシステムの中にしっかりと身をおくことが、シリコンバレーでイノベーションを起こすSTEAM人材には極めて重要な条件となっているといえます。

シリコンバレー・パラドックス

スティーブ・ジョブズ、ジョン・マエダ、グァ・ワン、ヨーキー・マツオカやキム・サックスといったSTEAM人材たちが活動するシリコンバレーには、世界最先端のテクノロジーとユニークなビジネスが次々に生まれ、今なお力強く成長を続けています。

しかし近年、ドットコム・バブルの経済発展がもたらした歪みも指摘され始めています。増え続ける人口や企業数に対し土地の供給が追いつかず、高騰し続ける地価が、生活の質の低下や未曽有の格差をもたらしているのです。

２０１０年から２０１６年の間に、同地域の雇用は３割も増加した一方で、住宅数の伸び率は８％にとどまりました。需要に供給が追いつかない状態で、住宅価格は上昇し続けています。

２０１７年に、シリコンバレーの住宅価格は平均１００万ドル（約1億１４００万円）と、ボストン（42・4万ドル）とニューヨーク（41・7万ドル）の約２・５倍でした。

また2ＬＤＫアパートの家賃に、人々は平均でひと月に３０９０ドル（約35万円）を支払っています。これは、ＳＸＳＷの開催地としても知られ、ＩＢＭのスピンオフから起業クラスターが発生しているハイテク産業都市オースティンの約2倍です。

その結果、シリコンバレーの人口は郊外へと移動し、通勤事情が急激に悪化しています。２０１０年からの6年間で、この地に暮らす人々の通勤時間は19％も長くなっています。２０１６年の通勤時間は平均で72分と、アメリカ最大の都市ニューヨークの74分とほぼ変わりません。近隣の幹線道路では朝7時頃、午後は4時頃から混み始めることも珍しくありません。

第1章では、ポスト情報社会の最先端がシリコンバレーだと述べました。SFのような近未来的シーンが日常の一部となっている先端科学技術の実験場のような様子もご紹介しました。ミリオネア、ビリオネアのニュースが後を絶たず、シリコンバレーのエンジニアたちは、アメリカ人の平均収入の3倍近くを稼いでいます。

しかし、その一方で、シリコンバレーは「住みにくい場所」になってきているともいえるのです。

貧富の格差は、確実に広がっています。たとえフルタイムの仕事に就いていても、高額の家賃や住宅ローンの返済を抱え、上昇し続ける物価に収入が追いつかず、食費の捻出にさえ困る家庭があることがメディアでも取り上げられて、問題視されています。

政府が食料費を補助するフードスタンプ制度や、民間のフードバンクに頼る人々の数が増え、今ではシリコンバレーの4人に1人は食事に困っているという状態をイギリスのガーディアン紙がレポートしています。

全米最大規模のフードバンク「セカンドハーベスト」によれば、シリコンバレーの中枢ともいえるサンタクララとサンマテオの両郡に住む約72万人のうち、26・8%が1日3食を確保できていない「貧食」状態におかれているといいます。その一方で、ドットコム・バブルがもたらした巨額の富は、「持てる」消費者のニーズを多様化させ、居住食をめぐるハイエンド市場は過熱化しています。

富と貧困が隣り合わせる「シリコンバレー・パラドックス」ともいうべき現象が、生まれているのです。

極端な貧富の差は、教育の現場にも現れています。マウンテンビュー、サニーベール、ロスアルトス、クパチーノ、メンロパークやパロアルトといった、企業クラスターを抱える地区や、高所得者が多く暮らす地域では、高額の法人税や住民税によって、公立の学校も潤沢な予算でカリキュラムを整えられます。

そこでは、生徒1人ひとりにラップトップ・コンピューターやタブレット端末を貸し出す公立の学校も珍しくありません。教材のデジタル化や、宿題のオンライン化といったテクノロジーの導入が進んでいます。大学顔負けの最先端機材を備えたメーカースペースも備わって、小学生や中学生が自由にものづくりを楽しむ「近未来的な」光景が展開されています。

しかしその一方で、貧困で苦しむ地区が、エアポケットのように存在しています。

ドットコム・ビリオネアたちが多く住むパロアルトから、国道を挟んですぐ隣に、イーストパロアルトという小さな町があります。周囲の自治体と比べて、平均所得が際立って低く、シリコンバレーが発展していく中で貧困街として取り残されてきたような場所でした。かつてはギャングの抗争問題を抱え、1980年代は犯罪による死亡率が国内トップだったほどです。

長い間自治体の手が行き届かないままでしたが、シリコンバレーにオフィス用地が減少する中、イーストパロアルトに目を向ける企業も増え始めています。1979年以来、地元住民向けに発行されてきた週刊紙「パロアルト・ウィークリー」は、メンロパークに広大な本社キャンパスを新設したフェイスブック社員の中にも、通勤時間ゼロのメリットを優先させて、隣接地のイーストパロアルトに移り住む人々が出てきたことを特集記事で伝えています。その結果、これまでシリコンバレーの発展から取り残されてきた同市でも、急速に開発と整備が進んでいます。

とはいえ、教育事情はあまり改善していません。第5章で紹介した通り、政府の教育予算削減の影響を直接に受けて、教師の確保がままならず、中学校ではサイエンスの授業が開講できない事態が生じています。

イーストパロアルトの教育事情を改善し、無償の小学校を提供しようと、2016年にはフェイスブック創設者マーク・ザッカーバーグとその妻プリシラ・チャンが財団を通して支援金を投入しています。しかし、その効果は未知数であり、企業の建設で立ち退きを余儀なくされた住民たちは、高騰する住宅価格で移転先を確保できずに、長年住み慣れた地域から転出しています。貧困層が土地を追われて、近隣地域から中産階級が流出し、地域のコミュニティが崩れていく「ジェントリフィケーション」と呼ばれる問題が起こり始めています。

イノベーションで世界をリードするシリコンバレーでは、巨額の富が生まれ続けている陰で貧富の差が拡大し、生活の質が確保できないなどの歪みが顕在化しているのです。

ヒューマニズムで達成するインクルーシブな社会

本書では、今後の日本社会に適した新しい人材像を描く上で、シリコンバレーとそこで活躍するＳＴＥＡＭ人材たちを、いわばお手本として考察してきました。しかし、前節で示したように、そこには見落とすことのできない負の側面もまた存在しているのです。

最後に、第4章の最後でも述べた「多様性」と「インクルージョン」というコンセプトにあらためて立ち返り、STEAMの未来について考えてみたいと思います。

ジョン・マエダは、デザインの発展を「クラシカル・デザイン」「デザイン思考」「コンピュテーショナル・デザイン」という三つのパラダイムで捉えています。

その中で、デザインの未来に不可欠な要素として、「インクルージョン」の重要性を説いています。

伝統的なアートの世界に根ざした「クラシカル・デザイン」のパラダイムは、深い教養を身につけた一握りのエリートを対象に発展しました。したがって、社会にある階級や格差に縛られて進展したデザインからは、多くの人たちの視点が排除されていました。

デザインは特権階級のものであるというクラシカル・デザインの前提を覆すのが、デザイン思考的な発想だとマエダは指摘します。人間のニーズに寄りそい、コンセンサスをベースにチームで発想していく「民主的」なプロセスは、デザインが対象とする人々の裾野を広げうる可能性を秘めているからです。

シリコンバレーの多くの企業が、デザイン思考を積極的に活用して、ユーザーに寄りそう発想を製品にしています。とはいってもそれは完全なものではありません。ユーザーとして先端のテクノロジー開発にアクセスがあるのはまだ、テクニカルに洗練された一部の消費者です。企業が生み出す技術革新の多くはまだ、社会の一定層を対象にして、前時代的なエリート主義に基づいて機能しているといえます。

先に見た通り、アップルの創業者スティーブ・ジョブズは、シンプルなデザインに対する強いこだわりを持っていたことで有名です。テクノロジーをより広く一般の人に届けようとアップルが生み出した数々の製品は、その後にシリコンバレーで生まれた様々な製品にも強く影響を与えました。とはいえ、シンプルさを追求したジョブズの美意識には、「わかる人にはわかる」という、デザイン性をめぐるある種のエリート主義が否めないと、マエダは論じています。

そこで提唱された新しいパラダイムが「コンピュテーショナル・デザイン」です。

ＩｏＴの技術ですべての人とモノがつながって、今までにない新たな価値が生み出されようとしています。ＡＩや機械学習といった新しい技術の力を使い、これまで埋もれていたデータを処理して分析することで、人種や宗教やジェンダー、年齢や学歴や職歴といった、社会に内在するバイアスを可視化していける時代です。

それをデザインの力で排除していけるなら、よりインクルーシブな社会の構築が可能になるかもしれません。

デザインに先端技術を駆使するコンピュテーショナル・デザインは企業にも効用をもたらします。テクノロジーの恩恵を受けにくい貧困層の人々や、表層化しにくい少数グループのニーズをアルゴリズムを使って能動的に取り入れていくことで、企業はこれまで以上に広い消費者を対象にして、新しい製品やサービスを生み出すことが可能です。より多くのユーザーを対象にした商品を世に送り出すことで、消費を活性化し、さらに多くの顧客を取り込んで、収益を上げていくことができるのです。

多様化する消費者のニーズに応えていくことは、企業のビジネスに利するだけではありません。何よりもそのプロセスでは、より多くの人間のニーズや価値観が取り込まれていきます。インクルージョンを大切にする新しい価値「新しいヒューマニズム」を生み出すことも可能かもしれません。そうして格差を是正し平等な社会を実現していくことができます。これは人間にとって、そして人間が暮らす地球にとってもよいことです。

情報社会から次の段階へと移行する変革期に、私たちは教育を通じてより多くのSTEAM人材を育成していくことができるようになります。人間を大切にするという思想を核にテクノロジーの力でイノベーションを起こせる「新しい」ヒューマニストたちが、ますます多様化する人々の価値観やニーズを取り入れて、よりインクルーシブな社会を実現していく。それが来たる「Society 5.0」に向けて、日本そして世界が目指すべき方向ではないでしょうか。

おわりに

著者の2人が、共通の恩師夫妻を通してスタンフォード大学で出会ったのは、今からちょうど10年前、2008年の秋でした。

日本に生まれ育ったこと、スタンフォードで博士号を取得し研究者になったことなど、何かと共通項が多かった私たちはすぐに親しくなりました（そして偶然にも配偶者のファーストネームまで一緒だということがわかりました）。

さらに数年後には、もう一つ重要な共通体験が、2人の親交を深めます。それが、シリコンバレーのエコシステムの中で、自分の子供たちを育てていくという興味深い経験でした。

育児という手探りのプロセスを通じて、研究者だった私たちの視野は大きく広がりました。プレスクール、幼稚園、小学校と、子供たちを育てていく中で様々な人々に出会い、ハッとするような体験をしたり、深く考えさせられたりすることの連続でした。日本とシリコンバレーでは教育の環境がかくも違うのかと、驚きを分かち合ったものです。

中でも強く私たちの心を捉えるのが、多様性の中で個を大切にするというシリコンバレーの教育者たちの姿勢です。

「みんなちがって、みんないい」とうたったのは、明治生まれの詩人金子みすゞでしたが、シリコンバレーの多くの組織や人々は、まさにそのスピリットを体現しているように思います。

3人に1人が外国生まれといわれるこの土地には、世界中から多くの人々が集まっています。異なる宗教、言語、価値観、パーソナリティが共存し、違いを認め合って生活しています。

下校時には、生徒たちが、迎えにきた家族と外国語で会話を交わします。他のクラスメートたちが知らない言葉を話せるぞ！　という、いかにも誇らしそうなその横顔には、次世代のエネルギーを感じます。その多様性の中で、誰もが自分であることを大切にするようにと教えられているのです。

それは「自己主張」というものとは、少し異なっているようです。シリコンバレーの学校では「コラボレーション」の大切さを幼い頃から教えています。

シリコンバレーの特徴として、「人間は誰もがポテンシャルを秘めている」という強い信念があるように思います（もしかするとそれは、アメリカという国の特徴なのかもしれませんが）。そして、子供たち1人ひとりの潜在力を引き出すことこそ教育だという理念を、多くの人が共有しているように思います。

自主性が何より尊重される環境の中で、私たちの子供たちは、つまずきながらも「自ら学ぶ」姿勢を身につけていきました。新しいことに挑戦して失敗を繰り返しながらも、学びとは決して与えられるものではなく、自ら構築するものだということを、少しずつ感じとっているようです。その様子を（正直なところヒヤヒヤしつつ）垣間見ながら、私たち自身も多くの気づきや感動を得て、それを学びにつなげて、今日にいたっています。

第5章のオローニ小学校についての記述は、ヤングが保護者として7年間関わり、その理念から学んだ振り返りでもあります。

シリコンバレーの教育エコシステムは、これまで多くの人材を輩出してきました。先端技術の聖地といったイメージの通り、この地で育つ子供たちは、テクノロジー博物館が主催するサマー・キャンプや、レゴ・ブロックを使ったロボット大会、学校に泊まり込むプログラミングの祭典ハッカソンといった企画を通して、幼い頃からＳＴＥＭに触れ、楽しみながら学んでいます。

とはいえシリコンバレーの教育機関が、21世紀型教育への絶対的な解を持っているわけでは決してありません。どの学校も、まだ霧の中を手探りで模索しているように思います。娘たちが通う学校の校長先生が、新学期早々のスピーチで、保護者に語りかけました。

「私たちは教育者として毎年様々に試行錯誤を重ねています。大きく失敗することもあるでしょう。とはいえ結果がわからないのが実験です。実験はいつも成功するとは限りません。でも少なくとも、私たちは果敢に挑戦し続けているつもりです。失敗から学んでいるという私たちの姿勢そのものから、きっと生徒たちが大切なマインドセットを学んでいると信じています」

木島が教鞭を執るスタンフォード大学には、底なしの探求心で知的好奇心を満たそうとチャレンジし続ける学生がたくさんいます。学びに対する彼らの姿勢は〝Nerd nation rules〟（オタク集団、万歳！）という合言葉に表わされるように、無敵の強さを感じさせてくれます。

STEMの学びが凝縮されるシリコンバレーで、技術やテクノロジーをめぐる教育の軸が、ここ数年少しずつ変わり始めています。先生たちは夏休みの一部を返上して、従来のサイエンスや数学といったクラスにアートや人文の学びを融合させた新しいカリキュラム作りに励んでいます。

保護者向けのセミナーでは「エンパシー」「インクルージョン」といったテーマが、ここ数年で頻繁に取り上げられるようになりました。またコラボレーション、コミュニケーションといった21世紀スキルを、教育を通してどう構築していくのかといった話し合いも行われています。

プログラミングやロボット工学などSTEMの先端クラスを学校が競って導入していた時代から、より人間性を重視した教育へとフォーカスが変わってきているように思います。同じようなムーブメントは高等教育でも起こっているようです。スタンフォードでも人間のニーズを大切にしようというクラスが、従来の人文領域の枠を超えて広がっています。

STEMの逸材を生んできたシリコンバレーが、21世紀に育成しようとしているのは、まさにシェークスピアを愛でるプログラマーなのではないか。私たちは、ここ数年でそんなSTEAMの胎動を感じるようになりました。さらに研究や活動を通じて、2人で実際に様々なSTEAM人材に出会い、取材を重ね、インスピレーションを得てきました。

そんなときに「日本ではまだ新しいSTEAMという概念をわかりやすく説明して欲しい」と出版社の方からお話をいただきました。私たちがこれまで親として、研究者として感じ考えてきたことをあらためて反芻《はんすう》するまたとない機会と、お受けすることにしました。

最後に、著者であるヤング、木島と、清水薫が立ち上げた「SKY LABO」（スカイラボ）についてご紹介したいと思います。

一般社団法人スカイラボは、ＳＴＥＡＭの発想力を持つ人材の育成を目指して、スタンフォード大学で博士号を取得した女性３人が、２０１６年に立ち上げた非営利教育団体です。

学習者が主体となって自ら問題解決をする「探求型」の学びの場を用意することで、子供たちは自分で考え抜く力や想像力、情報を見極めて分析する力、チームで効果的にコミュニケートし協働する力といった、21世紀に求められるスキルを身につけるという、これまでの研究に基づいた仮説を実践する団体です。

第2章で見てきた通り、アメリカでは２０００年代半ばから、ＳＴＥＭ教育の重要性が議論され、ＳＴＥＭ人材の育成が試みられてきました。しかしその一方で、ＳＴＥＭ領域を専攻する大学生の男女差は、いまだ根強く残っています。女性の割合が4～5割に達している環境科学と生物医学の2領域を除いて、ほとんどのＳＴＥＭ領域で女子の進学率は男子に追いついていません。

エンジニアリングとなると女子の割合は2割にも達しておらず、とくにコンピューター科学（10・9％）、電子工学（12・5％）、機械工学（13・2％）といった領域の立ち遅れが、全米工学教育協会の資料で明らかになっています。起業家精神に満ちた人々が集まっているシリコンバレーでも、ＳＴＥＭの学位を持つ女性起業家は極めて少ないのが現実です。

その要因として「セルフエフィカシー」（自己効力感）の欠如が指摘されています。いってみれば「私は理数系には向いていない」という思い込みです。本当はできるかもしれないのに、できないと決めつけて、挑戦する前に諦めてしまっているのではないかという仮説です。

加えて日本の社会には「女子は文系」という根強いバイアスがあることも、ＳＴＥＭに進学する女子学生の割合の低さにつながっているようです。２０１８年度の内閣府資料によれば、大学で人文専攻の学生の65・2％が女子であったのに対して、物理学を専攻した女子学生は全体の約4分の1ほどにすぎず、工学となると女子の比率は、アメリカよりもさらに低い14・5％にとどまっています。

そこでスカイラボは、２０１６年から、女子中高生を対象にしたワークショップを行っ

スカイラボでプロトタイプのプレゼンをする中学生

ています。参加者は、探求型のカリキュラムを通じて、STEAM人材のマインドセットとものづくりの発想法を、英語と日本語で学びます。ユーザー・インタビューに基づいた気づきをチームでブレーンストームし、プロトタイプを改良する中で、クリティカルな思考力、コミュニケーション力、コラボレーション力、創造性という21世紀スキルの大切さを学んでいきます。そして何より、自分たちのアイデアを発信する自信を培っていきます。

プログラム参加者は、①「自分はクリエイティブだ」という自らの創造性に対する自信（クリエイティブ・コンフィデンス）を高め、②STEMやSTEAMをテーマにした授業や課外活動に参加してみたいという意欲を高め、③他者の生活を向上させるためにものづくりをしていきたいという「エンパシー」意識を向上させ、④他者と一緒に作業をする「コラボレーション」に対する関心を向上させた、という研究結果も出ています。これは、探求型の学びでSTEAMの楽しさを経験する場合、子供たちのマインドセットが変わる可能性を示しています。

ポスト情報社会といわれる21世紀に、私たちが直面している本当の課題は、国や企業の開発競争に勝つことでも、テクノロジーで世界を満たすことでもありません。真の問いは、この世界を、すべての人々にとって「優しい場所」に戻せるかです。次世代を支える人材やリーダーは、文系か理系かといった図式からは生まれてきません。旧来の二項対立的な構図を超えるのが、STEAMというコンセプトなのです。

本書に登場したSTEAM人材に共通するのは、人間のために何かを生み出そうとする情熱です。人間とつながろう、つながりたいという心を次世代の人材がきちんと育んで、その上でSTEMのスキルを身につけていけるなら、その先にあるポスト情報社会はエンパシーに満ちた優しい社会です。そこに、今後に日本や世界が目指すべき理想像があると私たちは考えます。

インタビューや取材などでご協力いただいた多くの方々がこの本の執筆を支えてくださいました。個人名は割愛いたしますが、その1人ひとりに、この場をお借りして心からのお礼を申し上げたいと思います。STEAM人材との交流をもたらしてくれたスカイラボの活動では、恩師のダニエル・オキモト教授、道子夫妻をはじめ、カリキュラム構築でご指導いただいたシェリー・ゴールドマン教授、相談役の程近智氏、アドバイザーのゲァリー・ムカイ博士をはじめ、プログラムの支援者やスタッフなど多くの方々のご厚意に支えられてきました。スタンフォード大学教育学大学院、慶應義塾大学大学院メディアデザイン研究科、富士見丘学園（初年度プログラムの会場提供）など、コラボレーターたちにも恵まれてきました。

本書の企画をご提案くださった朝日新聞出版書籍編集部の三宮博信氏と、朝日新書編集長の宇都宮健太朗氏、そして執筆という旅路を的確に導き、常に支えてくださった担当編集者の佐竹憲一郎氏に、厚くお礼を申し上げます。

社会活動家と研究者としての私たちの生活を支え、絶え間なくエールを送ってくれる家族、ことに2人のフィリップと両親たちに心からの感謝を送ります。そしてこれからの21

世紀を生きる子供たちに、この本を捧げます。

２０１８年12月　スタンフォードにて

ヤング吉原麻里子 & 木島里江

参考・引用文献リスト

執筆にあたっては多くの資料に助けられました。ここでは書籍と論文を中心にリスト化しています（本文登場順）。

第1章　21世紀型人材「STEAM」

内閣府「科学技術基本計画」（第5期）、２０１６年、（https://www8.cao.go.jp/cstp/kihonkeikaku/5honbun.pdf）
Society 5.0に向けた人材育成に係る大臣懇談会・新たな時代を豊かに生きる力の育成に関する省内タスクフォース「Society 5.0 に向けた人材育成 ～社会が変わる、学びが変わる～」、２０１８年、（http://www.mext.go.jp/component/a_menu/other/detail/_icsFiles/afieldfile/2018/06/06/1405844_002.pdf）
Silicon Valley Institute for Regional Studies, *2018 Silicon Valley Index*, Joint Venture Silicon Valley, 2018
Silicon Valley Institute for Regional Studies, *Silicon Valley Employment Trends Through 2016*, Joint Venture Silicon Valley, 2017
Paul K. Piff, Pia Dietze, Matthew Feinberg, Daniel M. Stancato and Dacher Keltner, "Awe, the Small Self, and Prosocial Behavior", *Journal of Personality and Social Psychology*, Vol.108, No.6, 2015
ジョン・マエダ『シンプリシティの法則』鬼澤忍訳、東洋経済新報社、２００８年
Ge Wang, *Artful Design: Technology in Search of the Sublime*, Stanford University Press, 2018

第2章　新しいヒューマニズム――人間性を大切にするという思想

Michael K. Daugherty, "The Prospect of an "A" in STEM Education", *Journal of STEM Education: Innovations*

and Research, 14(2),2013
Simon Marginson, Russell Tytler, Brigid Freeman and Kelly Roberts, *STEM: Country Comparisons: International Comparisons of Science, Technology, Engineering and Mathematics* (*STEM*) *Education. Final Report*, Australian Council of Learned Academies, 2013
Rie Kijima and Phillip Y. Lipscy, "The Politics of International Assessments", (manuscript under review), 2019
Jeffrey J. Kuenzi, "Science, Technology, Engineering, and Mathematics (STEM) Education: Background, Federal Policy, and Legislative Action", Congressional Research Service, 2008
John P. Holdren, Cora Marrett and Subra Suresh, "Federal Science, Technology, Engineering, and Mathematics (STEM) Education 5-year Strategic Plan", National Science and Technology Council: Committee on STEM Education, 2013
OECD, "PISA 2015 results in focus", 2016
デビッド・A・スーザ、トム・ピレッキ『AI時代を生きる子どものためのSTEAM教育』胸組虎胤訳、幻冬舎、2017年
Verónica A. Segarra, Barbara Natalizio, Cibele V. Falkenberg, Stephanie Pulford, and Raquell M. Holmes, "STEAM: Using the Arts to Train Well-Rounded and Creative Scientists", *Journal of Microbiology & Biology Education*, 2018
Carolyn Asbury and Barbara Rich (eds.), *Learning, Arts, and the Brain: The Dana Consortium Report on Arts and Cognition*, Dana Press, 2008
Ann Podlozny, "Strengthening Verbal Skills through the Use of Classroom Drama: A Clear Link", *Journal of Aesthetic Education*, Vol.34, No.3/4, 2000

Ellen Winner, Thalia R. Goldstein and Stéphan Vincent-Lancrin, "Art for Art's Sake?", OECD, 2013

第3章　イノベーションを起こすマインドセット

Leigh Gallagher, "Airbnb's Surprising Path to Y Combinator", *WIRED*, February 21, 2017
OECD and Eurostat, *Oslo Manual: Guidelines for Collecting and Interpreting Innovation Data*, 3rd ed., OECD Publishing, 2005
J・A・シュムペーター『経済発展の理論』塩野谷祐一ほか訳、岩波文庫、１９７７年
玉田俊平太『日本のイノベーションのジレンマ』翔泳社、２０１５年
クレイトン・クリステンセン、ジェフリー・ダイアー、ハル・グレガーセン『イノベーションのＤＮＡ：破壊的イノベータの５つのスキル』櫻井祐子訳、翔泳社、２０１２年
山口栄一『イノベーションはなぜ途絶えたか：科学立国日本の危機』ちくま新書、２０１６年
Pierre Azoulay, Benjamin Jones, J. Daniel Kim and Javier Miranda, "Age and High-Growth Entrepreneurship", NBER Working Paper No.24489, 2018
キャロル・S・ドゥエック『マインドセット「やればできる！」の研究』今西康子訳、草思社、２００８年
デイヴィッド・ケリー、トム・ケリー『クリエイティブ・マインドセット』千葉敏生訳、日経ＢＰ社、２０１４年
ヤング吉原麻里子、玄場公規、玉田俊平太「学際性を重視したイノベーション教育の先進事例：スタンフォード大学Biodesignプログラム」『研究技術計画』、Vol.29、No.2/3、２０１４年

第4章　デザイン思考の本質

John Maeda, "Design in Tech Report", 2015

ティム・ブラウン『デザイン思考が世界を変える』千葉敏生訳、早川書房、２０１０年
野矢茂樹「果たして、論理は発想の敵なのか」『ダイヤモンド・ハーバード・ビジネス・レビュー』（２０１６年４月号）、ダイヤモンド社、２０１６年
伊勢田哲治『哲学思考トレーニング』ちくま新書、２００５年
紺野登『ビジネスのためのデザイン思考』東洋経済新報社、２０１０年
佐宗邦威『21世紀のビジネスにデザイン思考が必要な理由』クロスメディア・パブリッシング、２０１５年
佐藤郁哉『フィールドワーク増訂版』新曜社、１９９２年
Michael Lewrick, Patrick Link and Larry Leifer, *Das Design Thinking Playbook*, Vahlen Franz Gmbh, 2017
大内孝子編、齊藤滋規、坂本啓、竹田陽子、角征典『エンジニアのためのデザイン思考入門』翔泳社、２０１７年
児玉文雄『ハイテク技術のパラダイム』中央公論社、１９９１年
阿部祐太『バウハウスとはなにか』阿部出版、２０１８年
Meredith Belbin, *Management Teams*, 3rd ed., Routledge, 2010.
矢野正晴「チームの多様性と独創性」、高橋伸夫編『生存と多様性』、白桃書房、１９９９年
トム・ケリー、ジョナサン・リットマン『イノベーションの達人！』鈴木主税訳、早川書房、２００６年
Tina Seelig, *Creativity Rules: Get Ideas Out of Your Head and Into the World*, Harper Collins, 2017

第5章　シリコンバレーの教育最新レポート

National Education Association, "Preparing 21st Century Students for a Global Society: An Educator's Guide to the "Four Cs"", 2012
リンダ・ダーリング－ハモンド編著『パワフル・ラーニング：社会に開かれた学びと理解をつくる』深見俊崇編訳、

北大路書房、２０１７年
赤津晴子『アメリカの医学教育』日本評論社、１９９６年
Jo Boaler, "Open and Closed Mathematics: Student Experiences and Understandings", *Journal for Research in Mathematics Education*, Vol.29, No.1, 1998

第6章　私たちがシリコンバレーから学べること

Mary Wadden, *Silicon Valley: The History in Pictures*, Silicon Valley Historical Association, 2013
Stuart W. Leslie, *The Cold War and American Science: The Military-Industrial-Academic Complex at MIT and Stanford*, Columbia University Press, 1993
Stephen B. Adams, "Stanford and Silicon Valley: Lessons on Becoming a High-tech Region", *California Management Review*, Vol.48, Issue 1, 2005
Henry Lowood, *From Steeples of Excellence to Silicon Valley: the Story of Varian Associates and Stanford Industrial Park*, Varian, 1987
ウォルター・アイザックソン『スティーブ・ジョブズ』井口耕二訳、講談社、２０１１年
枝川公一『シリコン・ヴァレー物語』中公新書、１９９９年
チョン・ムン・リー他編『シリコンバレー』中川勝弘監訳、日本経済新聞社、２００１年
Martin Kenney, *Understanding Silicon Valley: the Anatomy of an Entrepreneurial Region*, Stanford University Press, 2000
今井賢一監修、秋山喜久・ＫＳベンチャーフォーラム・朝日監査法人編著『ベンチャーズインフラ』、ＮＴＴ出版、１９９８年

アナリー・サクセニアン『現代の二都物語』大前研一訳、講談社、１９９５年
U.S. Department of Labor, Bureau of Labor Statistics, "News Release: Employee Tenure in 2018", 2018,（https://www.bls.gov/news.release/pdf/tenure.pdf）
Silicon Valley Institute for Regional Studies, *Population Growth in Silicon Valley*, Joint Venture Silicon Valley, 2015
John Maeda, "Design in Tech Report 2018", 2018,（https://johnmaeda.github.io/#1）

おわりに

Sean Brophy, Stacy Klein, Merredith Portsmore, Chris Rogers, "Advancing Engineering Education in P-12 classrooms", *Journal of Engineering Education*, Vol.97, Issue 3, 2008
Brian L. Yoder,"Engineering by the Numbers", American Society for Engineering Education, 2016
Albert Bandura, "Self-efficacy: Toward a Unifying Theory of Behavioral Change", *Psychological Review*, 84(2), 1977
OECD, *The ABC of Gender Equality in Education: Aptitude, Behaviour, Confidence*, OECD Publishing, 2015
内閣府男女共同参画局『Women and Men in Japan 2018』、２０１８年
Shelley Goldman and Zaza Kabayadondo（eds.）, *Taking Design Thinking to School: How the Technology of Design Can Transform Teachers, Learners, and Classrooms*, Taylor & Francis, 2016

ヤング吉原麻里子 やんぐ・よしはら・まりこ
スタンフォード大学国際相互文化教育プログラム(SPICE)講師、東北大学工学部技術社会システム専攻客員教授。聖心女子大学文学部卒、スタンフォード大学で博士号を取得(政治学)。イノベーションをめぐる制度と人材を研究する。一般社団法人スカイラボ共同代表。

木島里江 きじま・りえ
トロント大学マンク国際問題研究所准教授。国際基督教大学教養学部卒、スタンフォード大学で博士号を取得(国際比較教育学)。世界銀行で女子教育、貧困層やマイノリティーのための教育政策に力を注ぐ。一般社団法人スカイラボ共同代表。

朝日新書
702

世界《せかい》を変《か》えるSTEAM《スティーム》人材《じんざい》
シリコンバレー「デザイン思考」の核心

2019年1月30日第1刷発行
2022年11月30日第2刷発行

著者 ヤング吉原麻里子
木島里江

発行者 三宮博信
カバーデザイン アンスガー・フォルマー 田嶋佳子
印刷所 凸版印刷株式会社
発行所 朝日新聞出版
〒104-8011 東京都中央区築地5-3-2
電話 03-5541-8832(編集)
03-5540-7793(販売)

Published in Japan by Asahi Shimbun Publications Inc.
ISBN 978-4-02-295004-8
定価はカバーに表示してあります。

落丁・乱丁の場合は弊社業務部(電話03-5540-7800)へご連絡ください。
送料弊社負担にてお取り替えいたします。